あそびの
ポッケ

0・1・2歳児の ふれあいあそび

愛着の形成、
信頼関係を育む

小倉和人／著

ひかりのくに

は　じ　め　に

　乳児クラスの子どもたち、特に0歳児の子どもは近くにいて抱っこをされたり、あやされたりしているだけでも心地良く、機嫌が良くなります。1・2歳児では、保育者のまねっこをしたり、手をつないだり、一緒に手遊びや絵本を読むだけでも楽しい時間が過ごせます。

　これは、子どもが園に登園してから最も信頼のおける保育者との関係性ができているということです。この関係性を築くために、4月の入園・進級当初、大変な思いをするわけです。初めに関係性をしっかり築くことでふれあう中で安心して心の底から笑顔になれる、そんな日々を送ることができるのです。4月に入園しても、年度途中に入園しても同じであり、一人ひとりと保育者との関係性をそれぞれに築いていきます。ここが重要なポイントとなります。ある子どもは「窓から外を見るのが好き！」、別の子どもは「必ず一緒に食事をとる」、またある子どもは「園庭に出るときに手をつなぐ」など生活の場面でほんの少しのことですが、関わりを持つことを積み重ねていくと子どもと保育者との関係性を結び深めようとするのです。

　時間に追われ、ゆったりとした生活を送ることができなければ、信頼関係を深めることは難しいでしょう。初めが肝心とよく言いますが、子どもに思い通りに動いてもらうのではなく、子どもと心を通わ

せるきっかけ作りをしていくのです。どんなことでもいいでしょう。一人の子どもと保育者だけの結びつきを幾通りも作り、楽しく心地良く安心して生活できるステージを構築していきます。子どもは信頼がない大人、初めての大人には人見知りをしたり泣いたりします。触れられると思わず泣いてしまいます。関係性や信頼性ができていないからです。いつもふれあいこそ大切に！　と考えています。今まで述べてきたことが重要だからです。

　本書では、たくさんのふれあいあそびを載せています。子どもの年齢、月齢や雰囲気に合ったものがあると思います。一つの遊びを繰り返し遊んで、少し成長すればアレンジして、次のステップへ進む、そのような使い方でも構いません。楽しく機嫌良く元気に過ごす、また笑顔がたくさん見られる雰囲気にしてほしいと思います。子どもの心が少しでも育ち、大きくなれるようお力添えできればと思います。楽しく遊んで過ごしましょう。

KOBEこどものあそび研究所

小倉和人

本書の 特 長 と 見 方

実践済みの０・１・２児のふれあいあそびを１冊にまとめました。
子どもたちの姿に合わせて、たっぷり楽しんでください。

**０・１・２歳児の
ふれあいあそびが
楽しめる
POINT 5**

POINT 1 実践済みの遊びを
写真たっぷりで紹介！

「うたあそび －自分で・保育者と－」
「うたあそび －友達と－」「手作り玩具」「身近なもので」「関わりあそび」
の５章立てで、実際に子どもと楽しめるふれあいあそびを、写真たっぷりで紹介しています。

POINT 3 なぜこの遊び？
遊びのなるほど解説

どうしてこの遊びなのか、子どもの育ちの様子や、遊びで意識したい、保育者の関わり方などを解説します。

POINT 2 遊びを通して
育ちが分かる！

それぞれの遊びを通して、情緒面や身体機能面などで子どもがどのように育っていくのかが分かります。

POINT 4 遊びを広げられる！
展開のカギ

どの遊びにも、展開のヒントつき。興味をもった子どもたちがどんどん遊び込めます！

POINT 5 保育者の声、
遊んでみました！

実際に遊んだ保育者の声を紹介しています。子どもが楽しんでいる様子や遊びが広がる過程など、遊ぶときのヒントにご覧ください。

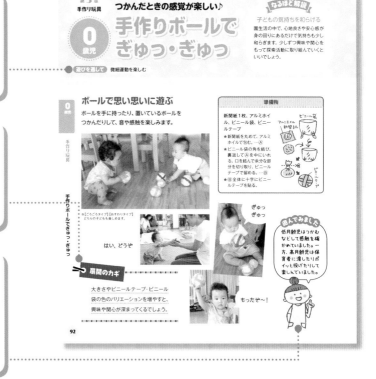

Contents

9 　序章 　ふれあいあそび を楽しもう！

19 　第1章 　うたあそび 　自分で・保育者と

49　第2章　うたあそび　友達と

89　第3章　手作り玩具

105　第4章　身近なもので

129 第5章 関わりあそび

序章

ふれあいあそび を楽しもう！

ふれあいあそびは、子どもにとって様々なカテゴリーが含まれた遊びです。
ふれあいは子どもの成長を左右するものです。
信頼している人に触れられると子どももうれしいし、笑顔になります。
子どもが楽しむために押さえておきたいことや
各年齢で注意したいことなど、21 のポイントをあげました。
このようなことを考えながら、保育の中でふれあいあそびを
楽しんでいただければと思います。

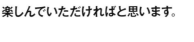

「子どもが楽しい！」を考えながら

子どものうれしい、楽しい時間を過ごすために、丁寧に関わっていきましょう。

0歳児 向かい合って

1対1では、向かい合って語り掛けるようにふれあいあそびをしましょう。

0・1・2歳児 ゆっくりテンポ

大人のリズムでは子どもは遊びの速さについていけません。子どもたちに合ったリズムやテンポで遊ぶと、子どもたちも気持ち良く遊べます。

0・1・2歳児 心地良い歌声

歌の得手不得手は保育者それぞれであると思います。でも優しい声はどんな大人でも掛けることができると思います。その優しい声で歌あそびをしてみましょう。子どもは心地良く過ごせるでしょう。

♪キャベツの〜

0・1・2歳児 声の大きさ

元気があってよく動く保育者はとても頼もしいし、見ていて気持ちがいいです。しかし、出している声は子どもの年齢に合ったものでしょうか？　大きければみんなに聞こえるというものではないと思います。子どもだけに聞こえる気持ちのいい声を意識してみましょう。

0・1・2歳児 興味をもつもの

子どもは様々なものに興味をもちます。その時期の子どもに合った遊びをするのも、ふれあいや関わりあそびでは重要なポイントになります。安全なものをチョイスして遊んでみましょう。

2歳児 感じたことや経験したことを言葉に

子どもが楽しく過ごし、満足のいくふれあいあそびをしたときにこんな声掛けをしてみてください。「楽しいね～」「できたね！」「くすぐったいね～」など子どもが経験したこと、その場で感じたことを言葉にして声を掛けると、子どもは遊んだことを「うれしかった」「おもしろかった」と心に感じるでしょう。

くすぐったいね～

子どもの育ちに合わせて

子ども一人ひとりの育ちに合わせた楽しみ方を考えましょう。

1・2歳児 まねっこ大好き！

子どもは保育者のまねっこをすることがとても大好きです。耳で聞き、目で見て、それをまねっこします。しかし、内容が難しければそっぽを向いてしまいますね。遊びの動きを簡単にして遊んでみましょう。

速くするよー

ブラブラ…

1・2歳児 できてなくてもOK！

遊びが完璧にできていなくてもいいのです。子ども自身が、遊びに向かう姿や同じ時間を過ごしていれば、それを認める。そのように積み重ねていくと、子ども自身もうれしい気持ちになります。

次は 2本の指だよ～

これ 好きー！

子どもが大好きな動きというものは、子ども自身ができるものです。走ったり、グルグル回ったり、跳んだりすることはもちろん、かいぐりや手をパチパチと打ったりすることも大好き。そんな子どもたちが大好きな動きに注目しながら遊んでみるのもいいでしょう。

それできる ことかな？

0・1・2歳児

これは2歳児の遊びだから自分のクラスでもできる！　というわけでもありません。クラスの子どもたちの姿や月齢などを加味しながら、子どもたちに合った内容でふれあいあそびをしてみましょう。

これできるかな？

1・2歳児

手や、膝、腰などを動かしたり、腹ばいやあおむけで寝転んだりと、様々な動きをして遊んでみましょう。指先にも注目してくださいね。指同士をちょんちょんと合わせることなども子どもが成長する過程で大切なことです。歌あそびの中で取り入れていくといいでしょう。

あそびの時間や あそびの広がり

子どもの楽しむ姿に合わせて広げていくとよいでしょう。

1・2歳児 同じ時間を共有

一緒に最初から最後まで遊びをすることは、乳児クラスの子どもたちにとってとても難しいことです。少しの時間でもいいので楽しく遊んだという経験があればいいでしょう。子どもの生活リズムも考えながら遊ぶといいでしょう。

1・2歳児 粗大運動もふれあいに

体の四肢を動かして遊ぶ粗大運動。ふれあいや関わりあそびの中にも取り込んで遊んでみましょう。歌があればやりやすい遊び、フープがあればふれあいやすい遊び、身近な物で一緒に遊ぶなど、考え方や視点の違いでたくさんの遊びを深められます。

1・2歳児 例えて遊ぼう！

乳児の子どもには、関わりあそびの中で、乗り物（バスや電車など）や身近な生き物（カエル、ウサギなど）、食べ物などに例えて遊ぶと分かりやすいでしょう。

0・1・2歳児 あそびの足し算・引き算

遊びの年齢表記や実際の子どもの月齢を考慮しながら遊ぶのはもちろんの事、内容のコアな部分の動きを簡単にする、もしくはプラスして難しくするなど足し算や引き算をしてみましょう。

0・1・2歳児 繰り返しが大切

どんな遊びでも初めはわからないこともあります。繰り返し遊んでいくと、遊び方を覚え、楽しい部分を共有できるようになっていきます。0歳児でも笑うところはいつも同じという歌あそびもあれば、子どもによって感じる部分が違う歌あそびもあります。繰り返し遊ぶといろいろな表情や笑顔が生まれてきます。その部分を大切にしていきましょう。

保育者や友達の関わりも

ふれあいあそびを通して、保育者や友達同士の関係性も育まれていきます。

1・2歳児 子ども同士も良いものだ

子どもと保育者だけがふれあいあそびをするのではなく、子ども同士でするのも楽しいものです。手にタッチをする、手をつないで歩く、一緒にジャンプするなど、できることを一緒にするだけで子どもはとても喜びます。

2歳児 憧れのまなざし

異年齢の子どもと一緒に遊ぶ機会があれば子どもの姿をよく見てみましょう。異年齢児がいろいろと声を掛けたり動いたりしていると、「おにいちゃんってすごいな」「おねえちゃん優しい」など憧れの存在となるはず。そんな子どもの気持ちの変化をうまくキャッチしてみましょう。

0歳児 タイムラグは活動タイム

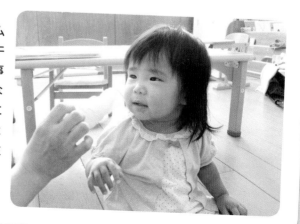

　0歳児のクラスでは、生活リズムも一人ひとり違いがあります。午前睡をする子どももいれば、食事の時間が早い子どもも。そんなばらつきのある中でも、その子にとっては遊びの時間が増えることになります。複数担任の利点を生かして1対1の関わりをもてるように工夫してみましょう。

安全に 留意しよう

0·1·2歳児

子どもの力の入れ方に 気配りを

子どもの手を持つときに、腕だけを引くと脱臼する場合もあります。手のひらに保育者の親指を入れて手の甲を軽く握るようにしましょう。子どもが力を入れた様子が分かりやすく、子どもも力を入れていると脱臼のリスクも少なくなります▶ **P22参照** 。

0·1·2歳児

広い場所で ゆっくり、ゆっくり関わりを！

たくさんの子どもたちと一緒に遊ぶことも、時には必要なことかもしれません。乳児クラスでは、広い場所で少人数で遊ぶことをおすすめします。ゆったりとした空間で、ほのぼのとした時間を過ごすとけがや事故のリスクも減少し、心穏やかに安心して一日を送ることができます。ゆったり、ゆっくり、心地良くを配慮できるように心掛けましょう。

第1章

うたあそび

自分で・保育者と

歌に合わせて、保育者と1対1でふれあいながら、
ゆったりとした時間を過ごしましょう。
保育者のまねをしたり、
次第に自分の手に興味をもってリズムにのって楽しんだり…。
子どもが楽しめるうたあそびを紹介します。

0歳児

スキンシップから笑顔と安心感を！

せっせっせーの こんにちは！

遊びを通して 子どもと保育者との信頼関係を深める

ふれあいで信頼を！

子どもと保育者が信頼関係を深める遊びです。ゆったりとした雰囲気の中で保育者とスキンシップを図り、笑顔を引き出すよう心掛けて遊んでみましょう。

『おてらのおしょうさん』の歌で遊ぶ

1 ♪せっせっせーの よいよいよい

子どもはあおむけになり、リズムに合わせて胸辺りを軽くポンポンする。

2 ♪おてらの おしょうさんが かぼちゃのたねを まきました（パクッ）

保育者の人さし指と中指で、足からおなか辺りまで、歩かせる。「た」でおへそ辺りを「パクッ」と言いながら、手でつまむしぐさをする。

3 ♪めがでて ♪めがでて

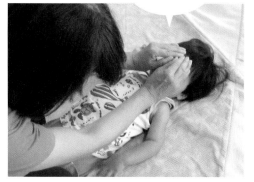

両手の上部でそっと子どもの目を覆う。

4 ♪ふくらんで ♪ふくらんで

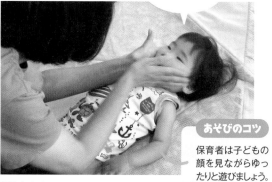

あそびのコツ

保育者は子どもの顔を見ながらゆったりと遊びましょう。

頬をさする。

❺ ♪はながさいたら

♪はなが
さいたら

鼻を軽く押さえる。

❻「いないいないばぁ」

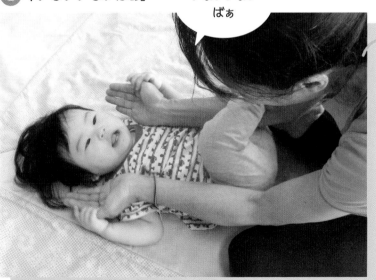

いないいない
ばぁ

両手で子どもの顔を覆い、「いないいないばぁ」をする。
※『おてらのおしょうさん』（わらべうた）

あそびのコツ

優しく明るく笑顔
を生み出すように。

遊んでみました
「いないいない
ばぁ」のときに笑
顔がしぜんと見
られました。

0歳児

保育者とのふれあいで心の安定を！

とん、とん、とん…

遊びを通して　安心感・信頼感を育む

なるほど解説

ゆったりとした時間を過ごそう

ゆったりとした一定のリズムでトントンしていくと子どもは安心して落ち着きを見せます。「みーつけた」で笑顔も生まれてさらに安定度が増すでしょう。

『かわいいかくれんぼ』の歌で遊ぶ

❶ ♪ひよこがね　おにわで　ぴょこぴょこ　かくれんぼ

子どもを寝かせ、両手に保育者の親指を入れて外側から握る。下線部のところでリズムを取るように関わる（以下同じ）。

❷ ♪どんなに　じょうずに　かくれても

トントン

胸をトントンする。

♪ひよこがね〜

あそびのコツ

歌はゆっくりと語り掛けるように歌ってみましょう。

あそびのコツ

少し落ち着きたいときに1対1で関わってみましょう。

③ ♪きいろい　あんよが　みえてるよ

足を握ったりゆるめたりする。

展開のカギ ••••••••••••••••••••••••

午睡時、寝つけない子どもが安心して
眠れるように、少しふれあって遊んで
みましょう。

④ ♪だんだん　だれが　めっかった

♪めっか

子どもの顔に両手を添えて軽くリズムを取
り、「た」で両手を開く。

♪た

⑤「○○ちゃん　みーつけた」

子どもの顔を見て伝える。

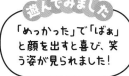

遊んでみました

「めっかった」で「ばぁ」
と顔を出すと喜び、笑
う姿が見られました！

※「かわいいかくれんぼ」（作詞／サトウハチロー　作曲／中田喜直）

0歳児

あおむしさん こんにちは

遊びを通して 興味を示し、安心して過ごす

『キャベツの中から』の歌で遊ぶ

※子守唄のようにゆっくり歌ってみましょう。

1 ♪キャベツのなかから　あおむしでたよ

♪キャベツの〜

保育者はあおむしを持ち、ゆっくりとしたリズムで
子どものおなか、胸をトントンする。

準備物

ガーゼ
★ガーゼであおむしを作る。

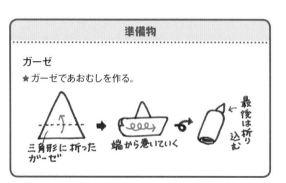

三角形に折った
ガーゼ　→　端から巻いていく　→　最後は折り込む

2 ♪ピッピッ　　♪ピッピッ

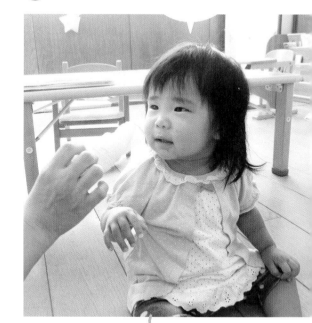

あおむしを
左右の頬に当てる。

あそびのコツ

安心できる雰囲気
づくりをしましょう。

❸ ♪○○さん（ちゃん）あおむし

♪とうさん
あおむし

子どもの顔の前であおむしをお辞儀させる。
❶～❸を繰り返す。

遊んでみました

慣れてくると自ら手を伸ばして触ってみようとしていました。

🔑 展開のカギ

慣れてきたら、お座りのときに腕にあおむしをトントンして遊んでみましょう。最後は頭に置いてもいいでしょう。

うたあそび　自分で・保育者と

あおむしさん　こんにちは

❹ ♪ちょうちょになりました

→

バ～ッ！

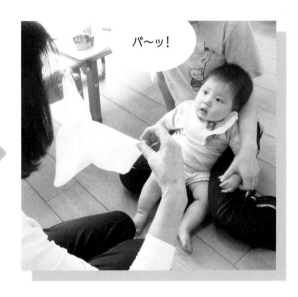

あおむしをほどいて顔の前で広げ、素早く取って「バ～ッ！」と言う。子どもが自分で取ってもOK。

『キャベツの中から』　（作詞・作曲／不詳）

キャ ベ ツ の な か か ら あ お む し で た よ ピ ッ ピ ッ

1. とう さん あお む し た
2.～5.○○ さん（ちゃん）あお む し た
6. ちょうちょに なりま し た

♪ **2 かあさんあおむし**
　3 にいさんあおむし
　4 ねえさんあおむし
　5 あかちゃんあおむし

0歳児

せんせい、だ〜い好き！
すりすり・つんつん

遊びを通して　保育者との信頼関係を深める

遊びを通して
信頼関係を深める

安心して園生活を送るためには、保育者との信頼関係を深めることが大事です。体への刺激や感覚遊びを通して、保育者との関わりやふれあいを十分に楽しみましょう。

『あたまかたひざポン』の一部替え歌で遊ぶ

①　♪あたま

♪あたま

あそびのコツ

子どもの表情を見ながら遊びましょう。

頭をなでる。

②　♪かた

♪かた

肩を軽くさする。

たっち

子どもは立ったまま、保育者は向かいに座ってお互いの顔を見ながら遊びます。
※この時期にたっちができれば、チャレンジしてみましょう。

おすわり

子どもは保育者の膝の上に座り、向かい合わせになって遊びます。

ごろごろ

子どもを寝かせて、保育者は向かい合わせに座ります（上の写真のように）。両手で声を掛けながら遊びます。

それぞれの発達状況に合わせて姿勢を変えて遊んでみましょう。

❸ ♪ひざ

♪ひざ

膝を軽くさする。

展開のカギ

「ツン!」の部分を目や耳、鼻、口などに替え、最後はこちょこちょをして遊びます。

こちょこちょー

0 歳児

うたあそび 自分で・保育者と **すりすり・つんつん**

❹ ♪ツン!

遊んでみました

「ツン!」でおへそを触られると、うれしそうでした。月齢が高くなると手を動かす姿も見られ、一緒に楽しんでいました。

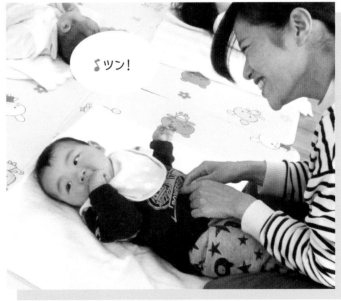

♪ツン!

おへそを人さし指で触る。

※『あたまかたひざポン』(作詞／不詳 イギリス民謡)のメロディーで　一部作詞／小倉和人

まねっこ遊びを楽しもう！

ちょこっとできた！

遊びを通して よく聞き、よく見て、まねることを促す

なるほど解説

できたことがうれしい

保育者とまねっこ遊びをして楽しんでみましょう。子どもたちが自分でできたことを喜ぶ雰囲気をつくっていくことが大切でしょう。

『おちたおちた』の替え歌で遊ぶ

1 ♪できた　できた
　　なにができた　パンダ～

パンダ～

あそびのコツ
まずは保育者が遊んで見せましょう。

手拍子をしてから手を丸にして目に当てる。

2 ♪できた　できた
　　なにができた　ブタさ～ん

♪ブタさ～ん

ブタの鼻にする。

3 ♪できた　できた
　　なにができた
　　オオカミ～ッ！
　　「ガオ～ッ」

ガオ～ッ

遊んでみました
何度か繰り返すうちに自ら手を動かして保育者と一緒に楽しんでいました。

あそびのコツ
「パンダ～」「ブタさ～ん」はゆったり、「オオカミ～ッ！」は少し怖い感じで、めりはりをつけましょう。

展開のカギ

子どもたちが知っている身近な動物になってみましょう。

ウサギさ～ん

※『おちたおちた』（わらべうた）の一部メロディーで　作詞／小倉和人

0～1歳児

まねっこするといい刺激！

まねっこ ピッ!!

遊びを通して リズム感を楽しみ、様々な活動で刺激を得る

『はじまるよはじまるよ』の一部替え歌で遊ぶ

❶ ♪はじまるよ　はじまるよ　はじまるよったら
　はじまるよ　みんなでいっしょに

♪はじまるよ～

子どもは座って手拍子をする。

あそびのコツ
楽しい雰囲気の中、ゆったりとしたリズムで。

❷ ♪てはおひざ　ピッ!!

ピッ!!

「ピッ!!」で声を出して手は膝に置く。

※❶❷を繰り返し遊びましょう。手を置く部位を頭、へそ、頬などに変え、最後は「たちましょう!」で立ちます。

展開のカギ

部位は頭、へそ、タッチなどから始め、しだいに増やしていきます。発達が進むにつれ、尻や目、鼻など細かな部位に移していきましょう。

手はおしリー
ピッ!!

たちましょう!

※立てない子どもには、保育者が援助するなど、子どもの発達に合った活動内容にしましょう。

遊んでみました

リズムが良い歌なので、子どもたちも楽しんでいました。手はお膝や、立ったり、座ったりと大忙し。そんな活動がうれしい様子でした。

※『はじまるよはじまるよ』（作詞・作曲／不詳）のメロディーで　一部作詞／小倉和人

繰り返しの中で期待感を
もちながら楽しめる！

くるくるパン!!

安心の中に笑顔

初めは、不思議さの中に期待感があるでしょう。遊びが進むにつれ、表情も緩んでいきます。最後はスキンシップで笑顔に。繰り返すことで楽しく安心して過ごせるでしょう。

遊びを通して 体への刺激、ふれあいで笑顔が生まれる

『トントントントンひげじいさん』の替え歌で遊ぶ

1 ♪ トコトコトコトコ　くるくる　パン！！

くるくる

パン！！

あそびのコツ
オーバーリアクションで、楽しさ倍増です。

子どもの手を取り保育者の人さし指と中指で腕を歩き上っていく。「くるくる」で手のひらをくるくるさする。「パン！！」で軽くタッチする。

『トントントントンひげじいさん』（作詞／不詳　作曲／玉山英光）のメロディーで　作詞／小倉和人

② ♪トコトコトコトコ
　　くるくる　パン!!〜

❶を4回繰り返す。

※指で腕を歩くところは、下りる➡上る➡下りる➡上るの順で
　繰り返す。

③ ♪ツンツンツンツン

ツンツン

両手の人さし指で体をツンツンする。

④ ♪こ〜ちょこちょ!

歌い終わってから、
くすぐる。

展開のカギ

4・5歳児の子どもたちを招待して
遊んでみましょう!

キャー

遊んでみました

手のひらから遊び始
めると、刺激を与え
ている部分をじっと見
ていました。最後の
くすぐりでは、たくさ
んの笑顔が生まれま
した。

0-1
歳児

うたあそび　自分で・保育者と　　くるくるパン!!

0~1歳児

ちょっとした時間に体を動かして遊べる

ゆらゆら おっき

遊びを通して 自分で起きようとする気持ちと動きを促す

なるほど解説

繰り返しができる近道

0歳児はたくさんの援助が必要です。起きようとする姿があれば、繰り返し遊ぶことでできるようになります。1歳児は、保育者のまねをして、筋肉に刺激を受け、活動できる基礎ができればいいですね。

0~1歳児

うたあそび 自分で・保育者と

ゆらゆらおっき

『いっぽんばしこちょこちょ』の替え歌で遊ぶ

❶ ♪○○ぐみさん（○○ちゃん／くん）

♪○○ ぐみさん

向かい合わせに座って手をつなぎ、リズムを取る。

❷ ♪ごろりんこ

♪ごろりんこ

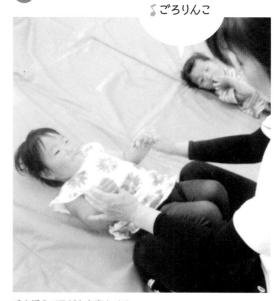

手を添えて子どもを寝かせる。
※1歳児は自分でごろんと寝てみましょう。

『いっぽんばしこちょこちょ』（わらべうた）のメロディーで　作詞／小倉和人

○　○　ぐみさん　ごろ　りんこ　　　ゆらゆらゆらゆら　ゆ　れ　て　　　いちにの　さんでー　お　きましょう

③ ♪ゆらゆらゆらゆら　ゆれて

♪ゆらゆらゆらゆら
ゆれて♪

体を左右に転がすように揺らす。
※1歳児は自分で揺れてみましょう。

展開のカギ

1歳児は「♪ゆらゆらゆらゆら　ゆれて」の部分を「♪ごろりんごろりん　ころがって」に替えて転がってみましょう。

♪ごろりん♪
ごろりん

④ ♪1、2の3で　おきましょう

♪おきましょう

体を起こす。
※1歳児は保育者が援
　助しながらも自分の
　力で起きようとする
　活動を促しましょう。

遊んでみました

寝転んだり起き上
がったりする動き
を楽しんでいました。
低月齢児は動きも
もちろんですが、保
育者の優しい声を
聞いて心地良さそう
でした。

うたあそび　自分で・保育者と　**ゆらゆらおっき**

0~1歳児

3・2・1の合図で楽しさ倍増！

ピピッと
おイス

遊びを通して 合図を聞いて移動する

なじみの手遊びに期待感を

なじみの手遊びから「3・2・1」で子どもたちの期待感が高まります。合図でイスへ向かって走りだすでしょう。「いつなるの?」とドキドキする子どもの気持ちを大切にしましょう。

0~1歳児

うたあそび 自分で・保育者と　ピピッとおイス

『あたまかたひざポン』の替え歌で遊ぶ

❶ ♪あたまかたひざポン　ひざポン　ひざポン
あたまかたひざポン

♪あたま
かた
ひざポン

円の中で手遊びをする。

準備物

ライン(ビニールテープ)、園児用イス(大型積み木などでもOK)

★床に待機場所をテープで囲み、少し離れた所に人数分のイスを半円形に並べる。

❷ ♪ 3・2・1 ピーッ

ピーッ

イスを3脚ずつ並べ
て小グループにして
みましょう。

0-1
歳児

うたあそび 自分で・保育者と　**ピピッとイス**

遊んでみました

1歳児は、合図を
しっかり理解し、
笛が鳴るのをワク
ワクした様子で
待っていました。0
歳児は保育者と一
緒にイスまで「いっ
ちに」と力強く歩き
ました。

このイスに
する！

「3・2・1」と指で数を表しながらゆっくり歌い（子どももまねをする）、
笛の合図でイスまで進んで座る。

※繰り返して遊んでみましょう。

※『あたまかたひざポン』（作詞／不詳 イギリス民謡）のメロディーで　一部作詞／小倉和人

0〜1歳児

リズムを取りながら手を動かしてみよう！

おもちア〜ン!!

遊びを通して 日本の伝統文化にふれる、まねっこをして遊ぶことを楽しむ

なるほど解説

伝統文化を伝える遊び

餅の作り方など日本の伝統文化を年齢に合った遊びの中で伝えていくことは非常に大切なことです。「ペッタン」「コロコロ」など、子どもたちに分かりやすいフレーズで遊ぶことも大切な要素の一つです。

『ピヨピヨちゃん』の替え歌で遊ぶ

1 ♪ 保 ○○（ぐみ）さん
　　子 なんですか？
　　保 おもちをペッタン
　　　　つきましょう！
　　子 おもちをペッタン
　　　　つきましょう！

歌いながら（以下、同じ）手のひらにグーで餅をつく動きをする。

『ピヨピヨちゃん』（作詞・作曲／不詳）のメロディーで　作詞／小倉和人

2 ♪ ㊐ ○○（ぐみ）さん
　　㊒ なんですか？
　　㊐ おもちをコロコロ
　　　 まるめましょう！
　　㊒ おもちをコロコロ
　　　 まるめましょう！

両手のひらで、餅を丸める動きをする。

3 ♪ ㊐ ○○（ぐみ）さん
　　㊒ なんですか？
　　㊐ つきたておもちを
　　　 いただきます！
　　㊒ つきたておもちを
　　　 いただきます！

いただきます

手拍子の後、手を合わせて
「いただきます」をする。

遊んでみました

小さな手でお餅を作っている姿が、とてもほほえましかったです。「パクッ」と食べるとき、おいしそうな表情でした。

4 ㊐㊒ 「あーん、パクッ！」

パクッ！

あそびのコツ

腕を大きく動かしてみましょう。

🥢 **展開のカギ**

どの年齢の子どもも楽しめる遊びなので、
行事にもオススメ！

餅を食べるふりをする。

0～1歳児

リズムを楽しみ、
手を前に出すのが楽しい！

おててがポン！

遊びを通して 音や動作をまねることを楽しむ

手を前に着く動作を覚える

リズムを取る、タイミング良く手を前に着くなど、繰り返し遊んでみましょう。体の前に手を着くことは大切な動作です。けがの防止や、月齢が進むにつれて経験する運動遊びなどにつながるでしょう。

0-1
歳児

うたあそび　自分で・保育者と　**おててがポン！**

『おててがポン』の歌に合わせて遊ぶ

① ♪おてて　おてて　おててが

♪おてて
おてて〜

手拍子をしてリズムを取る。

② ♪ポン

♪ポン

両手を前に着く。

展開のカギ

「ポン」を「ポンポン」と手拍子2回にすることで、リズム打ちの遊びを広げられます。

ポンポン♪

**③ ♪ほら　じょうずに
　　できました**

手拍子をする。

※上手にできた喜びの気持ちを込めて歌いましょう。

♪ほら じょうずに できました

遊んでみました

手を前に出すのが難しい子どももいましたが、手をパッと開く姿も見られ、その様子がかわいく、褒められるととても喜んで繰り返ししていました。

『おててがポン』 作詞・作曲／K.Ogura

おてて　おてて　おててが ポン　ほーらー じょうずに できまし た

みんなと一緒にいろいろ探そう！

どこ？
どこどこ？

辺りを見渡す活動を

子どもと保育者とのやり取りの中で、身近にあるいろいろな物を見つけたり、友達と一緒に活動する喜びを感じたりしていきましょう。

遊びを通して 辺りを見渡す動作を体得する

『おかたづけ』の替え歌で遊ぶ

♪どこでしょう？　どこでしょう？
　みなさん○○○は　どこでしょう？

♪とけいは
どこでしょう？

ほんとう！
ここにあったね

あったー！

○○○を見つけに行き、子どもの声を頼りに保育者も見つけて応える。

手を双眼鏡のようにしてのぞきながら歌う。
○○○で保育者が時計やテーブルなど、保育室にある物を伝える。

遊んでみました

わかりやすい時計やピアノなどから始めました。コツをつかんでくると、キョロキョロして、懸命に探す姿が見られました。

『おかたづけ』（作詞・作曲／不詳）のメロディーで　作詞／小倉和人

ど こでしょう？　ど こでしょう？ みな さん○ ○○ は　ど こでしょう？

展開のカギ

カラー標識、マットなどに移動する遊びにしてみましょう。

マットはどこでしょう

あったー

「できた!」という気持ちを大切に!

ブラブラ おてて

1 歳児

うたあそび 自分で・保育者と　ブラブラおてて

遊びを通して 様々な手の動きを楽しむ、リズム感を養う

なるほど解説

大好きな動きを楽しむ

この年齢の子どもたちが大好きな動きなので、子どもたちの「もっとしたい!」という声が聞こえることでしょう。それは、「自分にもできた!」という自信の表れです。できた気持ちを大切にできるといいですね。

『10人のインディアン』の替え歌で遊ぶ

① ♪ブラブラブラブラ
ブラブラおてて

両手を揺らす。

② ♪グルグルグルグル
グルグルおてて

♪グル
グル〜

かいぐりする。

③ ♪パチパチパチパチ
パチパチおてて

手拍子をする。

④ ♪さいごはおかお　バ〜ッ!

♪さいごは
おかお

バ〜ッ!

顔に手を当て、「いないいないばぁ」をする。

遊んでみました

手拍子からかいぐりなどの動きをとても喜んで遊んでいました。何度か繰り返して遊ぶとスムーズにできるようになりました。

あそびのコツ

初めは座って遊んでみましょう。

展開のカギ

動きを大きくしてみましょう。また、速くしたり、少しゆっくりにしたりと、テンポに変化をつけてみてもいいですね。

速くするよ〜

ブラブラ…

※『10人のインディアン』(アメリカ曲)のメロディーで　作詞/小倉和人

1歳児

指先の動きと奥行きを感じよう！

ぐるぐるツンツン

遊びを通して　微細運動を促す

『グーチョキパーでなにつくろう』の替え歌で遊ぶ

❶ ♪ぐるぐる　ツンツン　ぐるぐる　ツンツン

♪ぐるぐる

♪ツンツン

あそびのコツ

歌はゆっくりと歌いながらリズムに合わせましょう。

両手の人さし指で、「ぐるぐる」は2回かいぐりし、「ツンツン」は指先同士を2回タッチする。これを2回する。

❷ ♪キュッ　キュッ　キュッ　×2

♪キュッ

人さし指を3回曲げ戻す。これを2回する。

❸ ♪ほっぺにツンツン　ほっぺにツンツン

♪ツンツン

頬を2回ずつツンツンします。

❹ ♪ニッコニコ　ニッコニコ

♪ニッコニコ

頭を左右に揺らしながらニコニコポーズをする。

遊んでみました

指先をツンツンするのが難しそうでしたが、歌のテンポをゆっくりにすることでできました。最後の笑顔もいろいろな表情を見ることができました。

展開のカギ

初めは人さし指だけ、次は中指だけとどの指でもできるようにしましょう。その後、2本、3本と指の数を増やしていきましょう。

次は2本の指だよ〜

※『グーチョキパーでなにつくろう』（作詞／不詳　外国曲）のメロディーで　作詞／小倉和人

1~2
歳児

みんなで集まってふれあうのが楽しい♪

オニさん
ツンツン!

友達と一緒に

「あ～っ、こわっ!」で子どもは笑顔に。短い言葉が少しずつ言えるようになり、みんなで声をそろえて言うのが大好きです。細かな動き、みんなで動くこと、言葉の繰り返しを楽しみましょう。

遊びを通して みんなと一緒に言う楽しさを経験する

1~2
歳児

うたあそび 自分で・保育者と **オニさんツンツン!**

『いとまき』の替え歌で遊ぶ

❶ ♪オニさんツンツン　オニさんツンツン

♪オニさん

♪ツンツン

人さし指を立てて頭の上にツノをつくり、「ツンツン」で上に伸ばす。

展開のカギ

「♪おおきなおおきな　オニさん」の合図で一定の場所へ

逃げるなど、オニごっこの要素を含めても楽しいです。

遊んでみました

一緒に言う「あ～こわっっ」が言いたくて、歌遊びも楽しみながら上手に遊んでいました。

❷ ♪ぐるぐるぐるぐる　ツンツンツン

♪ぐるぐる

あそびのコツ

ゆっくり遊びましょう。保育者は動きを大きくすると分かりやすいです。

上から指先でかいぐりをしながら下ろし、「ツンツンツン」で指先同士3回タッチする。

❸ ♪きたぞ　きたぞ

その場で駆け足をする。

❹ ♪おおきなおおきな　オニさん
「あ〜っ、こわっ!」

あ〜っ
こわっ!

肩を寄せ合って集まり、
歌の最後にみんなで「あ〜っ、こわっ!」と言う。

※『いとまき』(作詞／不詳　外国曲)のメロディーで　作詞／小倉和人

うたあそび　自分で　保育者と　**オニさんツンツン!**

1-2
歳児

43

1~2歳児

お魚さんが泳いで跳ねる！

おさかな バッチャ～ン！

なるほど解説

水に慣れてきた頃にチャレンジ
ある程度水遊びの経験をしてから遊んでみましょう。歌っていると、魚がどうなっていくのか理解し、少し見通しをもちながら遊べます。バンザイをした水が自分に掛かってもきっとへっちゃらでしょう。

遊びを通して 水と水の深さに慣れる

『いっぴきののねずみ』の替え歌で遊ぶ
※座ったときに水がへそまでくる程度の深さのプールで遊びます。

1 ♪いっぴきの　おさかなさん

♪いっぴきの
おさかなさん

水の上で手を合わせて魚の形を作り、リズムを取る。

2 ♪みずのなか　とびこんで

♪とびこんで

手を水に向けて構え、「とびこんで」で水の中へ入れる。

『いっぴきののねずみ』（作詞／不詳　外国曲）のメロディーで　作詞／小倉和人

いっぴきの　　おさかなさん　　みずのなか

とびこんで　バッ　チャ　バッチャバッチャ　バッ　チャバッ　チャ　お　おさわぎ（バッチャ～ン！）

❸ ♪パッチャパッチャパッチャパッチャパッチャ

♪パッチャ パッチャ
パッチャ パッチャ パッチャ

魚が泳いでいるように
手をクネクネ動かす。

❹ ♪おおさわぎ

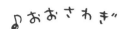

♪おおさわぎ

ピタッと止める。

➤➤ 展開のカギ

「♪おおさわぎ　バッチャ～ン!」の部分を3回程度繰り返すだけで、子どもたちも大盛り上がりです。

※水慣れをしっかり行なってからにしましょう。

\\ バッチャ～ン! //

うたあそび　自分で・保育者と　**おさかなバッチャ～ン!**

❺「バッチャ～ン!」

バッチャ～ン!

水の中から勢い良く立ち上がり、バンザイをする。

遊んでみました

保育者の見よう見まねで手を合わせ魚をつくり、最後の「バッチャ～ン!」では、顔に水が掛かっても平気な様子でニコニコ笑顔でした。

2歳児

どんどん バスごっこ

なじみの曲でリズム遊び

繰り返しを楽しもう！
子どもたちが知っている乗り物のバスを運転します。手拍子、膝を使って、片手ずつなど少しずつ難しくなりますが、ゆっくりとしたテンポで、繰り返すことで体得します。

遊びを通して リズムとバランスの感覚を促す

『グーチョキパーでなにつくろう』の替え歌で遊ぶ

❶ ♪どんどん　　　　　バース

手拍子を2回する。　　　　　ハンドルポーズをする。

❷ ♪どんどん　バース

❶と同じ。

❸ ♪どこはしる どこはしる

ハンドルポーズをする。

『グーチョキパーでなにつくろう』（作詞／不詳　フランス民謡）のメロディーで　作詞／小倉和人

どん どん バー ス　どん どん バー ス　どこ は しる　　どこ は しる

おてて が どん どん　おてて が どん どん　どん どん どん　どん どん どん

❹ ♪おててが　　　どんどん

手のひらをパーにする。

両手で膝を2回打つ。

❺ ♪おててが　どんどん

❹と同じ。

❻ ♪どんどんどん

片手ずつ膝を3回打つ。

❼ ♪どんどんどん

❻と同じ。

展開のカギ

❹を変えて、他の部位を使って遊んでみましょう。

♪あんよがどんどん

足で床をどんどんする(手を着いて)

♪おしりがどんどん

お尻を浮かして2回どんどんする(ゆっくりと)

2歳児

ベチャッと雪が溶ける表現が楽しい！

ゆきだるま ベチャ…

遊びを通して　掛け声をよく聞いてから行動する

♪ゆきだるま
ゆきだるま

**遊びながら
集団活動を経験する**

この遊びは、集団活動の要素が少し含まれています。子ども自身が自分から進んで遊びに入ることが一つのポイントとなります。楽しい雰囲気の中で遊んでみましょう。

1 唱え歌をうたう

（唱え歌）♪ゆきだるま　ゆきだるま
　　　　　　ゆきだるまったら　ゆきだるま

手拍子をしながら全員で唱え歌をうたいます。
※少しアップテンポで歌いましょう。

2 保育者の掛け声に
　合わせてポーズをする

保育者は「ゆきだるま」と「ゆきこだるま」をランダムに何度か続けて言ってから、最後に「ゆきとける〜」と言います。子どもはよく聞いて、それぞれの掛け声の後に決まったポーズをします。

例 保「ゆきだるま！」　子「ニン」
　➡ 保「ゆきこだるま！」　子「チョン」
　➡ 保「ゆきだるま！」　子「ニン」
　➡ 保「ゆきとける〜」　子「ベチャ」

ゆきだるま

「ニン」と言いながら両手で大きな丸を作って雪だるまポーズ。

ゆきこだるま

「チョン」と言いながら雪だるまポーズのまましゃがむ。

ゆきとける〜

「ベチャ」と言いながら腹ばいで寝転ぶ。

展開のカギ

活動に幅をもたせましょう。

ベチャ
ベチャー

例 「ゆきだるま／ジャンプ！」（雪だるまポーズでジャンプ）、
　「ゆきこだるま／チョン」（小さく丸くなる）、
　「ゆきとける〜／ベチャベチャ」（言いながら転がる）　など

遊んでみました

「つぎはなにかな…?」とワクワクしながら楽しみました！　特に「ベチャ」のポーズがお気に入りで「ゆきとける〜」と声が掛かるたび、大喜びでした。

第2章

うたあそび

友達と

保育者との関わりから、少しずつ周りの子どもへ興味をもち、
友達との関わりへ広がっていきます。
うたあそびで、一緒に同じことをしなくても、
一緒に過ごすだけでも楽しい時間。
一緒にふれあって遊ぶとさらに興味も、
動きも広がっていきます。

気持ちを落ち着けてやさしく関わろう

おてて
ギュッギュッ

遊びを通して 安心感と心地良さを経験する

うたあそび 友達と

おててギュッギュッ

『あたまかたひざポン』の替え歌で異年齢児と遊ぶ

1 ♪ ○○ちゃんのおてて

手を異年齢児の手のひらの上に置く（片手でも両手でもOK）。

2 ♪ ギュッギュッギュー

異年齢児がやさしく3回握る。

『あたまかたひざポン』（作詞／不詳　イギリス民謡）のメロディーで　作詞/小倉和人

3 ♪ ギュッギュッギュー

2と同じ。

4 ♪ ○○ちゃんのおてて

❶と同じ。

5 ♪ ギュー　ギュー

2回握る。

6 ♪ ギュ〜〜〜っ

ハグをする。

遊んでみました

初めは保育者と遊びました。膝の上に乗せ向かい合わせで遊びました。手を握られたりハグされるとうれしい様子でした。異年齢児とは向かい合わせになって取り組みました。慣れている子どもとそうでない子どもとそれぞれ様子が異なりますが、これからも機会を見て遊んでいきたいと思います。

展開のカギ

最後の❻のハグの部分を、頬にピッと手をあてがうとにこにこ笑顔になります。

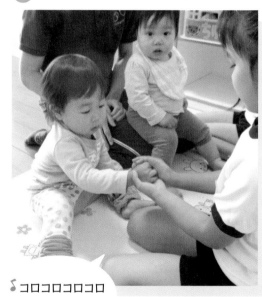

異年齢児と過ごすことを楽しもう！

こねこね おてて

ふれるだけでも楽しい！

異年齢児の手のひらに0歳児の手を乗せる遊びです。歌いながら異年齢児が0歳児の手をさすったり、触れたりして関わりをもってもらいましょう。

遊びを通して ふれあいの楽しさ、異年齢児との関わりを経験する

『大きなくりの木の下で』の替え歌で異年齢児と遊ぶ

① ♪ ○○○ちゃんのおてて

♪○○○ちゃん のおてて

② ♪ コロコロコロコロ　こねましょう

あそびのコツ

ゆったりとした雰囲気の中で遊びましょう。

異年齢児が手のひらに0歳児の手を乗せてさする。

♪コロコロコロコロ
こねましょう

0歳児の手をグーにし、丸くなるようにこねるまねをする。

○ ○○ちゃんの　おーてーて　コロ コロコロコロ こねましょう

おだんご できました　それ ではみなさん いただきますパクッ！

『大きなくりの木の下で』
（作詞／不詳　イギリス民謡）のメロディーで　作詞／小倉和人

③ ♪おだんごできました

♪ おだんご

できました

両手で0歳児の手
を隠し、見せる。

④ ♪それではみなさん　いただきます

♪ いただきます

「それではみなさん」で互いに顔を見て、「いただ
きます」でお辞儀をする。

⑤ 「パクッ！」

パクッ！

おだんごを食べ
るまねをする。

あそびのコツ
年長・年中児同士で事前
に遊んでおきましょう。

遊んでみました
手にのせたときは、「なん
だろう？」と思っている表
情でした。「♪いただき
ます」からの「パクッ！」で、
とても笑顔になり、食べ
るまねもしていました。

展開のカギ
●保育者と一緒に遊んでみましょう。
●保護者にも「おうちでも遊んでみましょう！」
　と伝えてみましょう。

♪ おだんご
できました

異年齢児と過ごすことを楽しもう！

おしりが ボンボン

遊びを通して 異年齢児との関わりを深める、体幹の成長を促す

『ピクニック』の替え歌でふれあいあそびをする

※異年齢児の膝の上に、0・1歳児が向かい合わせで座って手をつなぎます。

1 ♪おひざにすわって

♪おひざに
すわって

手を握ってリズムを取る。

2 ♪おしりがボンボン

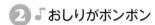

♪おしりが
ボンボン

「ボンボン」で膝を交互に動かす。

3 ♪ボボボボボン！×2

2と同じ。

4 ♪おひざにすわって

1と同じ。

⑤ ♪うしろへゴロリン

♪うしろへ
ゴロリン

膝の上で後ろへ寝転がる。

⑥ ♪ヨイショ　ヨイショ　×2

起き上がる。

♪ヨイショ
ヨイショ

おしりがボンボン

⑦ ♪いよいよさいご　よういはいいかい？

①と同じ。

⑧ ♪ツンツンツンツンツン

ツンツンツン

指先で体をツン
ツンつつく。

⑨ ♪こちょこちょこちょ～

こちょこちょ
こちょ～

間をあけてからくすぐる。

あそびのコツ

ゆったりとしたリズ
ムで行ないましょう。

➡展開のカギ

同じペアで繰り返し遊んだら、次は
違うペアで遊んでみましょう。

遊んでみました

互いに目を合わせた
りツンツンして笑い
合ったりして、楽しそ
うでした。

※「ピクニック」（作詞・作曲／不詳）のメロディーで　作詞／小倉和人

おにいさん、おねえさんと
遊ぶのが楽しい！

しあわせタッチ

遊びを通して ふれあいの楽しさ、心地良さを感じる

『しあわせなら手をたたこう』の替え歌で卒園児と遊ぶ

♪ふれあいなら　てで　タッチ
　ふれあいなら　てで　タッチ
　ふれあいなら　○○ぐみとたのしもう
　さぁいっしょに　てで　タッチ

あそびのコツ

あらかじめ卒園児同士で遊んでおきましょう。

♪タッチ

♪ふれあいなら
　てで

向かい合わせに座って歌に合わせて手拍子をし、「タッチ」で2回タッチする。

※2～3回繰り返したら違うペアで遊んでみましょう。

遊んでみました

初めは緊張した様子でしたが、タッチをするとうれしかったようで、何度もタッチをしていました。

展開のカギ

2番は「あしタッチ」、3番は「ほっぺタッチ」にするなどして遊びましょう。

♪あしタッチ♪

※『しあわせなら手をたたこう』（アメリカ曲）
のメロディーで　作詞／小倉和人

1歳児

自分から進んで動く！

列車でガッチャ〜ン！

言葉が合図

「がっちゃん」「バイバイバイ！」が遊びの転換・合図になります。次第に子ども自身が移動と再スタートを行なう、子ども主体の遊びに変化するでしょう。

遊びを通して 合図の理解、友達と遊ぶことを楽しむ

『かもつれっしゃ』の歌で遊ぶ

♪しゅっ
しゅっしゅ

① ♪**かもつれっしゃ**
しゅっしゅっしゅ
いそげいそげ
しゅっしゅっしゅ
こんどのえきで
しゅっしゅっしゅ

列車になって中央のスペースで動き回る。

② ♪**つもうよ　にもつ**
がっちゃん

「がっちゃん」で空いているイスに座る。

あそびのコツ

歌はゆっくりはっきりと。特に「がっちゃん」は大げさに歌いましょう。

③ 「**あくしゅ　あくしゅ**
あくしゅで
バイバイバイ！」

グループで手をつなぎ、手を揺らす。「バイバイバイ！」で放して手を振り、再びスタートする。

あくしゅ
あくしゅ

バイバイ
バイ！

準備物

園児用イス（人数分）
★中央にスペースを広く取り、外側に園児用イスをグループごとに置く（16名の場合4人×4グループ）。

1歳児

うたあそび 友達と

列車でガッチャ〜ン！

展開のカギ

イスの数やルールに
変化をつけてみましょう。

いっしょに
すわろ〜

遊んでみました

繰り返し遊ぶと、「がっちゃん」の言葉で座っていました。

※『かもつれっしゃ』（作詞／山川啓介　作曲／若松正司）

リズムに合わせてタイミングを合わせる

なか？ そと？ ドッチ？

楽しみながら俊敏性を育む

クラスみんなで楽しめる遊びです。マットを挟んで友達と顔を合わせて笑顔になったり、歌をよく聞いて中と外に瞬時に動いたりするなど、楽しく俊敏性を育てるのにいいでしょう。

遊びを通して リズム感・俊敏性を育てる

『なかなかほい』で遊ぶ

準備物

マットまたはビニールテープ
（戸外なら水線でもOK）

❶ ♪なかなか　ほい

♪なかなか

マットの周りに立ち、手拍子を2回する。

♪ほい

「ほい」でジャンプしてマットに入る。

②♪そとそと　ほい

手拍子を2回し、「ほい」でジャンプして外に出る。

遊んでみました

初めは、保育者の姿を見ながら「♪ほい」と言葉で出入りしていました。しばらくすると、タイミングを見て遊ぶ姿が見られました。

③♪なかそと　そとなか

♪なかそと
そとなか

マットの中と外を行ったり来たりジャンプする。

展開のカギ

●マットの中で保育者がオニになり、うっかり間違えた子どもを捕まえようとしてもいいでしょう。

●慣れてきたらスピードを速くしたり遅くしたりします。

つかまえちゃうぞ!

④♪○○○○　ほい

少し間をあけてから保育者が「なかなか　ほい」か「そとそと　ほい」のどちらかを決めて言い、それに従って動く。

※『なかなかほい』（わらべうた）

遊びで友達と一つになろう！

前に進んで ギュッ！

めりはりのある遊びを！

一緒に一つの遊びをすることは難しいですが、手をつないで友達の顔を見渡すことは楽しめるでしょう。中心に集まってギューッとしたり広がったりするなど、めりはりのある活動が含まれています。

遊びを通して 友達や保育者とのふれあいを楽しむ

うたあそび 友達と

前に進んでギュッ！

『あたまかたひざポン』の替え歌で遊ぶ

1~2
歳児

1番

① ♪手をつないで丸になろー
　　丸になろー　丸になろー
　　手をつないで丸になろー

歌いながらみんなで手をつないで円になる。

あそびのコツ

つないだ手を揺らしてリズムを取りましょう。

♪まるになろー

♪バンザイ しましょー

② ♪「次は！」　バンザイ しましょー

①の途中で保育者が中心に立ち、「次は！」と言って「バンザイしましょー」と歌う。子どもたちはメロディーに合わせてバンザイをする。

あそびのコツ

保育者は少ししゃがんで遊びましょう。

3 ♪ 前に進んで行きましょう
行きましょう　行きましょう
前に進んで行きましょう

♪ ギューッ

♪ まえにすすんで
いきましょう

手をつないだまま中心にいる保育者の元に集まり、保育者をギューッとする。

4 ♪「次は！」　広がりましょう

♪ ひろがりましょう

保育者が「次は！」と言って「広がりましょう」と歌う。子どもたちは手をつないで広がり、円に戻る。

遊んでみました

手をつなぐ、前に進むだけの動きなので、子どもも遊びやすい様子でした。「ギューッ」とするところは、とてもにぎやかになりました。

展開のカギ

ギュー

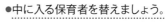

● 中に入る保育者を替えましょう。

● 異年齢児と遊んでみます。

● 真ん中に少人数ずつ子どもが入ります。

※『あたまかたひざポン』（作詞／不詳　イギリス民謡）
のメロディーで　作詞／小倉和人

1~2
歳児

うたあそび 友達と

前に進んでギュッ！

見立てるチカラと関わる楽しさ

でてくるよ！でてくるよ！

遊びを通して　見立て遊びを楽しむ、異年齢の関わりを深める

なるほど解説

1対1の信頼関係を楽しむ

お手玉が身近な生き物に変身するなど、自分に触れてもらう楽しさを持ち合わせています。まずは遊びの中で1対1の関係をしっかりと結び、遊びの輪が広がればいいですね。

1-2
歳児
＋
異年齢児

う
た
あ
そ
び
　
友
達
と

で
て
く
る
よ
！
　
で
て
く
る
よ
！

1 『はじまるよはじまるよ』の一部替え歌で遊ぶ

準備物

お手玉（玉入れの玉でもOK）

❶ ♪でてくるよ　でてくるよ
　　でてくるよったら　でてくるよ

♪でてくるよ

な〜に？

あそびのコツ

1・2歳児、異年齢児ともに親しみをもって関われるようにしましょう。

異年齢児が手の中にお手玉を隠して歌う。
1・2歳児が「な〜に？」と聞く。

❷ ♪○○（動物の鳴きまね）

いぬ〜！！

♪ワンワン

1・2歳児にお手玉を見せて「ワンワン（イヌ）」「チューチュー（ネズミ）」「ニャーニャー（ネコ）」のいずれかをランダムに言う。

2 異年齢児がお手玉を動物に見立てる

異年齢児は動物の鳴きまねをしながらお手玉を1・2歳児の腕や肩などで動かします。❶❷を繰り返します。

あそびのコツ

ゆっくりとしたリズムで行ないましょう。

ワンワン
ワンワン〜

3 カエルに見立てて頭にお手玉を乗せる

ピョンピョン

最後はお手玉をカエルに見立て、「ピョンピョン」と跳ねるように動かし、1・2歳児の頭に置きます。1・2歳児は「ありがとう」と言いながらお辞儀をします。

ありがとう

あっ おちた！

展開のカギ

たくさんの異年齢児とふれあえるようにしましょう。

いっしょに しよう
うん

遊んでみました

「あっ おちた！」と言うのが楽しかったようで、よく笑っていました。「もういっかい！」と何度も楽しんでいる姿がありました。

『はじまるよはじまるよ』（作詞・作曲／不詳）のメロディーで　作詞／小倉和人

でてくるよ　でてくるよ　でてくるよったら　でてくるよ

いろいろな物の名前を覚えよう！

みんなで あるこう！

探す、見つけるを楽しむ

身近な物を探す、見つけたらタッチする内容です。周りの友達を認めながら、物への執着、名称、探索など、様々に力を発揮することのできる場になると思います。

遊びを通して 友達と一緒に楽しむ、見渡す・見つける経験をする

2
歳児

うたあそび 友達と

みんなであるこう！

『アブラハムの子』の替え歌で遊ぶ

❶ ♪みんなでいっしょに　あるきましょう　×2
　　みんななかよく　あるきましょう

元気良く歌いながら歩く。

♪みんなで
いっしょに～

『アブラハムの子』（外国曲）のメロディーで　作詞／小倉和人　※ゆっくりとしたテンポで遊ぶと、リズムを取りやすいでしょう。

みんな でいっ しょに　あるき ましょう　　みんな でいっ しょに あるき ましょう

みーんな な かよく あるき ましょう さぁど こに タッ チ　「○○にタッチ！」

♪ さぁ　どこに　タッチ　「○○にタッチ！」

床、壁、窓、イスなど保育室にある物を伝え、みんなでタッチする。

ゆかに
タッチ！

あそびのコツ

分かりやすい物から伝え、一つひとつを理解していけるようにします。

遊んでみました

次は何かな？　と歌が終わる前に、保育者の顔を見て様子をうかがい、早くタッチをしようと楽しんでいる姿が見られました！

あそびのコツ

保育者も一緒にタッチしましょう。

まどに
タッチ！

かべに
タッチ！

展開のカギ

活動範囲を広げるため、戸外でもチャレンジしてみましょう。

すべり台に
タッチー!!

2歳児

誰とでも息を合わせて！

なべなべ
ピョンピョン

遊びを通して　タイミングを合わせようとする

一緒にジャンプ

子どもは跳ねるだけで喜びます。その喜びを友達と一緒に関わりをもってやってみようという内容です。友達と一緒にジャンプをするだけでクラスの雰囲気もアップ！　毎日の生活の中で繰り返し遊んでみましょう。

『なべなべそこぬけ』の替え歌で遊ぶ

展開のカギ

① ♪なべ　なべ　ピョン　ピョン　ピョン

♪なべなべ〜

人数（3人組・4人組　など）を増やしてみましょう。

あそびのコツ

ジャンプを初めにしてみましょう。

ふたり組になって向かい合わせで手をつなぎ、ジャンプする。

遊んでみました

友達と手をつなぐことが楽しくて、笑顔でジャンプをしました。

② ♪ぐるりとまわってジャンプしよ！

♪ぐるりとまわって〜

あそびのコツ

歌をうたうときはゆっくりとしましょう。

ジャンプしながら1周する。違う友達を探し、繰り返し遊ぶ。

※『なべなべそこぬけ』（わらべうた）のメロディーで　作詞／小倉和人

しぜんに笑顔☆

まんまるちゃん ギュッ！

ふれあうことで笑顔が生まれる

知っている友達とふれあい、その関係性を掘り下げる経験をすることは大切です。子どもたちは安心できる保育者や友達とふれあうことで笑顔が生まれます。繰り返しいろいろな友達とふれあってみましょう。

遊びを通して ふれあいを楽しむ、関わりをもとうとする

『コロコロたまご』の替え歌で遊ぶ

※イスを向かい合わせに置き、子どもがそれぞれ座ります。

準備物

園児用イス

① ♪おててをつないで　まんまるちゃん

向かい合わせで立って手をつなぎ、リズムを取る。

② ♪ギュギュッとしてみたら　えがおになっちゃった　「ニッ！」

♪ギュギュッとしてみたら

ニッ！

ハグをしてから、互いの顔を見合わせ「ニッ！」と言う。その後、違うイスに座って繰り返し遊ぶ。
※「ニッ！」はポーズをしてもOK。

遊んでみました

最初は、まねをして手をつないでいましたが、繰り返し遊ぶと子どもたち同士で歌い合ったり、ギュッと抱きしめ合ったりしていました。

展開のカギ

違うイスに座るとき、イス取りゲームの感覚で遊んでもおもしろいでしょう。

キャー

『コロコロたまご』（作詞・作曲／不詳）のメロディーで　作詞／小倉和人

C　　　　　　　　　　　G7　　　C　　　　　　　　　　　　　　　　G7　　　C

おててをつな　い　で　まんまる　ちゃん　ギュギュッとして　み　たら　えがおに　なっちゃっ　た　「ニッ！」

2 歳児

「た」の付く物に変身！
たたたた

遊びを通して 音楽に合わせて体を動かすことを楽しむ、友達とふれあう

2 歳児

うたあそび 友達と

たたたた

1 ♪たたたた　たたたた　「〇〇」

『とんとんとんとんひげじいさん』のリズムに合わせて「♪たたたた〜」と歌いながら歩きます。〇〇の部分で保育者が「たこやき」「たけのこ」「たまご」のいずれかを伝え、子どもはそれぞれのポーズをします。

※歌は全て歌わなくてもOK。
※保育者が一緒にポーズをしていくと、子どもたちもまねをして遊び始めるでしょう。

たけのこ

手を合わせ、上に伸ばす。

たこやき

体を小さく丸める。

『とんとんとんとんひげじいさん』
（作詞／不詳　作曲／玉山英光）のメロディーで
作詞／小倉和人

「とんとんとんとん」→「たたたた」、
「ひげじい」→「たたたた」、
「さん」→「〇〇」

たまご

しゃがんで体を小さく丸める。

遊んでみました

遊びを説明するときに、一つひとつのポーズを伝えながら遊びを進めると、子どもたちはすぐに理解して参加できました。

2「○○くんに たわし！」

1 に慣れてきた頃に保育者が「たわし」と伝え、続けて「○○くんにたわし！」と言います。手のひらをたわしに見立て、名前を言われた子どもの体をみんなでゴシゴシこするまねをします。繰り返し続けていきましょう。

「○○くんに たわし！」

展開のカギ

「♪たたたた てはうえに」と続けて歌ってもいいでしょう。最後は、「♪きらきらきらきら てはたわし」で近くの友達にごしごししてみましょう。

ごしごし〜

69

友達と関わりをもつって楽しいね！

タッチでこちょ こちょギュッ

遊びを通して　友達との関係性を促す

2歳児

うたあそび 友達と

タッチでこちょこちょギュッ

『グーチョキパーでなにつくろう』の歌で遊ぶ

❶ ♪グーチョキパーで　グーチョキパーで　　なにつくろう　なにつくろう

あそびのコツ

一つひとつゆっくりと遊んでみましょう。

なにつくろう なにつくろう

遊んでみました

友達とふれあうとなんだかうれしい気持ちになったり、楽しく感じたりすることができたように思います。

展開のカギ

異年齢の友達と遊んでみましょう。

2歳児　異年齢児

②

| 1番 | ♪みぎてはパーで ひだりてもパーで | 2番 | ♪みぎてはチョキで ひだりてもチョキで | 3番 | ♪みぎてはグーで ひだりてもグーで |

両手ともパーを出す。

両手ともチョキを出す。

両手ともグーを出す。

③

| 1番 | ♪パータッチ パータッチ | 2番 | ♪こーちょこちょー こーちょこちょー | 3番 | ♪ぎゅっぎゅっぎゅ〜 ぎゅっぎゅっぎゅ〜 |

友達とタッチをする。

くすぐり合う。

ハグをする。

※『グーチョキパーでなにつくろう』（作詞／不詳　外国曲）のメロディーで　一部作詞／小倉和人

友達とタッチ！　上手にできるかな？！

2 歳児

ここです！タッチ！

見通しをもって遊んでみよう

簡単なルールを理解し、見通しをある程度もって取り組むことがおもしろいようです。友達との関わりをもちつつ、ねらいを定めて繰り返し遊んでいくと充実したものになるでしょう。

遊びを通して　簡単なルールを理解する、友達とのふれあいを喜ぶ

---

1 『どこでしょう』の歌で遊ぶ

❶ ♪ ○○ちゃんと○○ちゃんは
　　どこでしょう

❷ ♪ここです　ここです
　　ここにいます

どこでしょう

ピタッ

手拍子をしながら歩き、「どこでしょう」で止まる。
※最後の4小節から前奏にして、その部分から歩いてもいいでしょう。

名前を言われた子ども二人は両手を上げる。

『どこでしょう』 （作詞・作曲／不詳）

○○ちゃんと　○○ちゃんは　どこ でしょ　う　　ここです　ここです　ここにいま　す

2 みんなでタッチする

タッチしよう!

手を上げた子ども二人の居場所をみんなが把握したら、保育者が「タッチしよう!」と伝える。
子どもは、二人とタッチをし、全員ができたら拍手する。
繰り返し遊んでみましょう。

展開のカギ

異年齢児との関わりに遊びを展開すると、名前も顔も分かりコミュニケーションを深められるでしょう。

ここです　ここです
ここに　います

2歳児

4歳児

タッチ!

あそびのコツ

初めは保育者とタッチして遊びの理解をしましょう。

友達とぎゅっとして仲良し♪

たぬきで ギュ〜ッ！

なるほど解説

遊びながら学ぶ

ぎゅっとされるとしぜんと笑顔が生まれます。また、遊びの中で友達と関わりながら力加減を知ったり、リズムの取り方を身につけたりする姿が見られるでしょう。

二人一組になって『げんこつ山のたぬきさん』の歌で遊ぶ

❶♪げんこつやまの　たぬきさ

♪げんこつやまの
　たぬきさ

握りこぶしを左右交互に重ねる。

❷♪ん

♪ん

相手と抱き合う。

❸♪おっぱいのんで　ねんねし

❶と同じ。

❹♪て

❷と同じ。

⑤ ♪だっこして　おんぶして　またあし

♪ だっこして　→　♪ おんぶして　→　またあし・・・

抱っこポーズ、おんぶポーズ、かいぐりをする。

⑥ ♪た

♪た

あそびのコツ

歌詞内の「②ん」「④て」「⑥た」の部分を強調すると、盛り上がります！

遊んでみました

ぎゅっとする他、肩やほっぺをタッチするなど、子どもと話しながらポーズを決めて遊んだら盛り上がりました。

②と同じ。

展開のカギ

「ん」「て」「た」の部分を他のポーズに替えて遊びます。例えば、指をほっぺに当ててニッコリポーズなど、クラスの子どもの様子を見て遊んでみましょう。

たぬきさ…ん！

※『げんこつやまのたぬきさん』(わらべうた)

うたあそび 友達と

たぬきでギューッ！

2歳児

友達と関わって遊べる♪
ひげタッチ

いつもの手遊びも新鮮に

子どもたちになじみのある手遊びで関わりをもったりふれあったりします。いつもの手遊びとは違って、友達とくっ付けるのがおもしろく、良い刺激になるでしょう。

遊びを通して なじみの手遊びをより新鮮に楽しむ

2歳児
うたあそび 友達と
ひげタッチ

二人一組になり『とんとんとんとんひげじいさん』の一部替え歌で遊ぶ

❶ ♪とんとんとんとん　ひげじいさん
「ひげタッチ」

あそびのコツ

ゆっくり歌おう。

ひげタッチ

両手をグーにして上下に交互にたたき（以下同じ）、「ひげじいさん」で片手ずつ顎に当てる。「ひげタッチ」と言いながら、互いのひげの先でタッチする。

❷ ♪とんとんとんとん　こぶじいさん
「こぶタッチ」

こぶタッチ

「こぶじいさん」で片手ずつ頬に当て、「こぶタッチ」と言いながら互いのグーにタッチする。

展開のカギ

相手を替えて遊んでみましょう。慣れてきたら、テンポアップしてもいいでしょう。

とんとん
とんとん…

③ ♪とんとんとんとん　てんぐさん
　　「はなタッチ」

♪はなタッチ

「てんぐさん」でグーを重ねて鼻に当て、「はなタッチ」と言いながら互いの鼻の先でタッチする。

④ ♪とんとんとんとん　めがねさん
　　「め・が・ね」

♪め・が・ね

「めがねさん」で片手ずつ目に当て、めがねポーズをしたまま相手の顔をのぞき込む。

⑤ ♪とんとんとんとん
　　おにさんも　「オニタッチ」

オニ　タッチ

「おにさんも」で人さし指を立てて片手ずつ頭に乗せ、「オニタッチ」と言いながら互いのツノの先でタッチする（頭から離れてもOK）。

⑥ ♪キラキラキラキラ
　　てはおへそ　「へそタッチ」

へそタッチ

上げた両手を振りながら下ろし、へそに当ててから互いのおなかをくっ付ける。

遊んでみました

なじみのある曲だから、スムーズに楽しく遊べました！　それぞれのタッチの部分で親しむことができるように時間を多く取りました。

『とんとんとんとんひげじいさん』（作詞／不詳　作曲／玉山英光）のメロディーで　一部作詞／小倉和人

「も～じゃもじゃ」の掛け声と
ふれあいが楽しい♪

も～じゃもじゃ

力加減を考えて遊ぶ

ふれあいあそびは、どの程度の力加減で遊ぶかが課題になります。力の入れ具合が理解できないときもあるでしょう。友達と関わりをもつ中で、この年齢なりの優しさを表すことができればいいでしょう。

遊びを通して 友達との関わりを楽しむ

『あがりめさがりめ』の替え歌で二人組になって遊ぶ

1 ♪も～じゃもじゃ　も～じゃもじゃ

も～じゃ

もじゃ

手のひらをブラブラさせながら、座ったり立ったりする。

2 ♪グルリとまわって

その場で駆け足しながら回る。

3 ♪○○○　「もじゃもじゃもじゃ～」

お尻～

保育者が体の部位（頭・肩・おなか・背中・足の裏・お尻　など）を言う。相手の体に手を当て、「もじゃもじゃもじゃ～」と言ってくすぐる。

もじゃもじゃもじゃ～

背中

もじゃもじゃ
もじゃ〜

おなか

うたあそび 友達と

も〜じゃもじゃ

足の裏

くすぐったい！

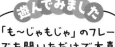
遊んでみました

「も〜じゃもじゃ」のフレーズを聞いただけで大喜び。くすぐられることが大好きな子どもたちは笑顔がいっぱいでした。くすぐり方や力の入れ具合も次第に上手になりました。

展開のカギ

一人が園児用イスに座り、もう一人がグルリと回った後に背後に立ち、後ろからくすぐってみましょう。

もじゃもじゃ
もじゃ〜

肩

『あがりめさがりめ』（わらべうた）のメロディーで　作詞／小倉和人

も〜じゃも じゃ　　も〜じゃも じゃ　　グルリと　まわって　○　○　○「もじゃもじゃもじゃ〜」

みんなで顔を見せ合って遊ぶ！

みんな そろって〇（マル）！

遊びを通して　手をつないで前後に移動

2
歳児

うたあそび 友達と

みんなそろって〇！

手をつないで円になり、『あたまかたひざポン』の替え歌で遊ぶ

1番 **中心に進む**

❶ ♪みんなですすみましょう　すすみましょう　すすみましょう
　みんなですすみましょう

♪みんなで
すすみましょう

ゆっくりと中心に進む。

❷ ♪おかおは　いないいないばぁ！

♪いない
いない…

手を離してみんなで「いないいないばぁ」をする。

展開のカギ

「いないいないばぁ」を、「せんせいとタッチ！」などに変えて遊んでみましょう。

[2番] ## 後ろに広がる

❶ ♪おおきくひろがろう　ひろがろう
　　 ひろがろう　おおきくひろがろう

手をつないでゆっくり後ろに広がる。

❷ ♪おかおは　いないいないばぁ！

いないいない…
ばぁ！

[1番] **❷**と同じ。

遊んでみました
最初はみんなで円になるときに手を離してしまいましたが、繰り返し遊ぶうちに友達と顔を見合わせて楽しそうにしていました。

※『あたまかたひざポン』（作詞／不詳 イギリス民謡）のメロディーで
　作詞／小倉和人

2歳児
＋
異年齢児

一定のリズムでたくさんふれあう

グー・チョキ・パー

遊びを通して　ルールの共有、異年齢児との関係を深める

なるほど解説

リズムを合わせて

一定のリズムをもとにして遊ぶので友達と関わりをもち、最後まで遊ぶと「できたー！」と達成感を感じることができます。友達とリズムを共有できる楽しさを感じることが大切でしょう。

2歳児＋異年齢児

うたあそび 友達と

グー・チョキ・パー

異年齢児と向かい合い、三・三・七拍子のリズムで遊ぶ

準備物

園児用イス

① ♪グーグーグー　グーグーグー

グーグーグー

グーでタッチをしてリズムを取る。

あそびのコツ
初めは手拍子だけでゆっくりとしてもよいでしょう。

② ♪トントントントントントントントン

遊んでみました

2・3歳児で遊びました。ふれあうことでしぜんと笑顔が生まれました。最後は「たのしかったー！」とお話してくれてよかったです。

展開のカギ

1本指でしてみましょう。歌詞は「ピッピッピッ…」。最後は互いの体を「ツンツン…」とつつき合いましょう。

ツンツンツン

③ ♪チョキチョキチョキ
　　チョキチョキチョキ

あそびのコツ

園児用イスに座って遊ぶと距離感が分かりやすいでしょう。

チョキで指先をタッチしてリズムを取る。

④ ♪チョキチョキチョキチョキ
　　チョキチョキチョキ

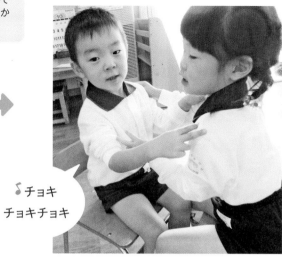

♪チョキ
チョキチョキ

互いの体を相手のハサミでチョキチョキ切るまねをする。

⑤ ♪パーパーパー　パーパーパー

♪パーパーパー

パーでタッチをしてリズムを取る。

⑥ ♪ギュッギュッギュッギュッ
　　ギュッギュッギュッ

♪ギュッギュッ
ギュッギュッ

互いの頬をリズム良く挟む。

※異年齢児が場所を移動して繰り返し遊びましょう。

第2章
うたあそび
友達と

2歳児
＋
卒園児

うたあそび 友達と

コケコで3・2・1

歌の掛け合い、ふれあいが楽しい

コケコで 3・2・1

遊びを通して 卒園児と一緒に楽しむ

1 「ねむねむチーム」と「ニワトリチーム」に分かれる

卒園児(数人) も含め、「ねむねむチーム」と「ニワトリチーム」に分かれます。
ニワトリチームはランダムに広がって長座で座り、ねむねむチームは1か所
に集まって座り、眠っているポーズをします。

ニワトリチーム

ねむねむチーム

2 『大きなくりの木の下で』の替え歌をうたう

1 （ねむねむチームだけで）
♪ まだまだねむいよ　グーグーグー

2 （ニワトリチームだけで）
♪ おはようあさだよ
　おきましょう

3 （ねむねむチームだけで）
♪ まだまだ　ねむたいよ～

4 （ニワトリチームだけで）
♪ ほらほらおきて　3・2・1
　「コケコッコ～ッ！」

3 ニワトリチームの膝の上に座る

「コケコッコ～ッ!」の合図で、ねむねむチームが起きてニワトリチームの膝の上に座ります。座ったらニワトリチームが「3・2・1 コケコッコ～ッ!」と再び鳴き、膝の上の子どもをくすぐります。役割を交代して再び遊びます。

♪コケコッコ～ッ!

遊んでみました

ねむねむチームの2歳児の中には、自分で座る場所をなかなか見つけられない子どももいました。卒園児が「こっちおいで」と声を掛ける姿が見られました。

展開のカギ

ニワトリのくちばしのように指でツンツンしながら、くすぐってみましょう。また、ほっぺスリスリや背中スリスリなど、交互に内容を変えて遊んでみましょう。

『大きなくりの木の下で』（作詞／不詳 イギリス民謡）のメロディーで　作詞／小倉和人

まだ まだねむいよ　グーグーグー　おはようあさだよ　おきましょう

C　Em　F　G　C　G7　C

まだまだ　ねむたいよ　ほら ほらおきて　3・2・1「コケコッコ～ッ!」

異年齢児と一緒に楽しみながら握って離して

おにぎり・ぎゅっ！

おにぎりの作り方を知る

ボールを握って離すという活動はできますが、両手でしっかり握る動きは力の入れ具合がボールを握るときと違います。握り方、中に入れる具材など興味をもって取り組んでいくといいでしょう。

遊びを通して　微細運動を促す、関わりをもって遊ぶことを楽しむ

『奈良の大仏さん』の替え歌で異年齢児と遊ぶ

1 ♪ おにぎりにぎって

異年齢児のグーの手（片手）を両方の手のひらにのせる。

2 ♪ ぎゅっぎゅっぎゅっぎゅっ

両手でリズムよく握る。

『奈良の大仏さん』（作詞／不詳　アメリカ民謡）のメロディーで　作詞／小倉和人

おにぎりにぎって　ぎゅっぎゅっぎゅっぎゅっ　なかにうめぼし　つめこんで

ぎゅっぎゅっぎゅっぎゅっぎゅっ　ぎゅっぎゅっぎゅっぎゅっ　さぁみんなでいただきます　パクッ！

③ ♪なかにうめぼし

異年齢児のグーの手の親指人さし指の中に自分の人さし指を入れる。

④ ♪つめこんで

梅干しを詰め込むように、指を上下に動かす。

⑤ ♪ぎゅっぎゅっぎゅっぎゅっ
ぎゅっぎゅっぎゅっぎゅっ

さらに両手でおにぎりをリズムよく握る。

⑥ ♪さぁ　みんなで
いただきます

手のひらにおにぎりをのせて軽くお辞儀をする。

7 ♪パクッ！

口を開けて食べるまねをする。

遊んでみました

はじめは恥ずかしそうにしていましたが、おにぎりを握る動きになると興味津々。梅干しを入れたりするところでさらに興味をもっていました。少しの時間でじっくりと触れ合えるので良かったと思います。

 展開のカギ

中に入れる具材を変えたり、ペアの相手を交代したりしてみましょう。

7の後に、「すっぱい！」「おいしい！」など表情をつけてみてもいいですね。

例

●梅干し

すっぱい

●昆布

おいしい

●鮭

しょっぱい

●おかか

すき〜

第3章

手作り玩具

手作り玩具を介して、ふれあいあそびが広がります。
手作り玩具は身近な素材で
簡単に作ることができるものを紹介しています。
関わることで変化があることを楽しみ、更に関わる。
子どもの興味や関心も更に深まり、
自ら働き掛ける姿が見られるでしょう。

色の違いを遊びの中で感じよう！

0 歳児

いろいろ スコープ

遊びを通して　色の不思議を感じる、興味をもって取り組む

なるほど解説

いつもの景色との違い

複数の穴をのぞいて、保育室や園庭の雰囲気を楽しむことができればいいですね。のぞくことで不思議に感じ、色の違いを楽しめるといいでしょう。子どもたちが進んで手に取って遊べるようにしましょう。

スコープをのぞいて保育室内を見渡す

興味を持って違う色の穴をのぞいたり、
スコープを回してのぞいたりしてみましょう。

じ～

あそびのコツ

常に環境の一環として子どもが遊べるようにしましょう。

準備物

ペーパー芯（3本）、カラーセロハン（3色）

★ペーパー芯の片側にカラーセロハンを貼り付ける。色違いを3本重ね、ビニールテープで固定する。

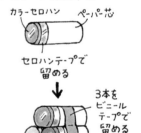

カラーセロハン　ペーパー芯

セロハンテープで
留める

3本を
ビニール
テープで
留める

あかとあおと
みどり～！！

いろが
かわる！

遊んでみました

いろいろな色に見えることに興味を示して、何度も集中して見ていました！

展開のカギ

異なるカラーバリエーションも準備しておき、カラフルな世界を楽しみましょう。

黄色や
ピンクもあるよ

わ
あ！

握る力への促しに！

0歳児

トッテで
おっきおっき

握る、引くの運動

握ることで手のひらの感覚遊びになります。その後、引くなど力を入れる活動をしていくことを繰り返していきます。腹筋や腕の力など、遊びの中で身についてくるでしょう。

遊びを通して 握る感覚、引きながら起き上がる運動を促す

両手で、持ち手を持って遊ぶ

保育者が長座になりその上に子どもを寝かせます。両手に一つずつ持ち手を持たせ、ゆっくり起こしたり寝かせたりを繰り返し遊びます。

あそびのコツ

十分握っている状態で起こす、寝かすなどしましょう。

ずりばいタイプ

ズリズリ〜

うつぶせのまま持ち手を持たせ、前に引いたり、左右に方向転換したりしてみましょう。

タッチタイプ

ギュッ

柵や壁などに持ち手を取り付け、立ったときに持てるようにしてみましょう。

準備物

手提げホルダー、三つ編みにしたスズランテープ（荷造り用ひもでもOK）、プチプチシート

★手提げホルダーにプチプチシートを巻く（子どもが持ちやすい程度の太さに）。

★両端にスズランテープを結び付ける。

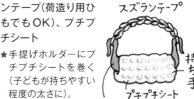

三つ編みをしたスズランテープ

持ち手

プチプチシート

手提げホルダー

展開のカギ

三つ編み部分がピンと張るように長さを調節し、穴をあけたボトルキャップを5〜6個通して、触れたり鳴らしたりしてみましょう。

カチャカチャ

遊んでみました

持ち手を目標に、立ってつかもうとする姿が見られました！

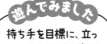

0歳児

手作り玩具

トッテでおっきおっき

91

第3章
手作り玩具

つかんだときの感覚が楽しい♪

手作りボールで ぎゅっ・ぎゅっ

0歳児

遊びを通して 微細運動を楽しむ

子どもの気持ちを和らげる

園生活の中で、心地良さや安心感が身の回りにあるだけで気持ちも少し和らぎます。少しずつ興味や関心をもって探索活動に取り組んでいくといいでしょう。

0
歳児

手作り玩具

手作りボールでぎゅっ・ぎゅっ

ボールで思い思いに遊ぶ

ボールを手に持ったり、置いているボールをつかんだりして、音や感触を楽しみます。

※【ごろごろタイプ】【おすわりタイプ】どちらの子どもも楽しめます。

はい、どうぞ

準備物

新聞紙1枚、アルミホイル、ビニール袋、ビニールテープ

★新聞紙を丸めて、アルミホイルで包む。…Ⓐ

★ビニール袋の角を結び、裏返してⒶを中にいれる。口を結んで余分な部分を切り取り、ビニールテープで留める。…Ⓑ

★Ⓑ全体に十字にビニールテープを貼る。

ビニール袋
アルミホイル
新聞紙
ビニールテープ

ぎゅっ
ぎゅっ

遊んでみました

低月齢児はつかむなどして感触を確かめていました。一方、高月齢児は保育者に渡したりポイッと投げたりして楽しんでいました。

展開のカギ

大きさやビニールテープ・ビニール袋の色のバリエーションを増やすと、興味や関心が深まってくるでしょう。

もったぞ〜!

0歳児

手のひらの感覚遊び♪

バリバリ バリ〜ッ！

遊びを通して 手のひらの感覚や音を楽しむ

音や感触を楽しむ

袋の中のラベルに興味をもつことから始まります。握ったりたたいたり押したりして、音を感じ手のひらの感触を楽しむことができます。

ラベルの入った袋をたたいたり握ったりして音を楽しむ

バリバリ〜！

※まずは保育者が音を出してみせ、子どもの興味を誘いましょう。

あそびのコツ
ラベルは多めに入れましょう。

準備物
チャック付きの袋、ペットボトルのラベル（薄くないもの） ★ペットボトルのラベルを袋の中に入れる。

展開のカギ

ラベルの量や袋の大きさを変えてみましょう。

遊んでみました
握って音を出す子もいました。時間がたつと、振ってみたり、たたいて音を出す姿も見られました。

おとがなる…！

0歳児

興味や関心を引き出す！

コンコロ・コン・コン・コン！

遊びを通して 微細運動（倒す、立てる）を楽しむ

活発さを生み出す

合図でいろいろな音を出して倒れていくペットボトルに、子どもたちの気持ちは大きく動くでしょう。立てる・倒すという単純な遊びですが、繰り返し遊ぶことで子どもの活動が活発になっていくでしょう。

0歳児

手作り玩具

コンコロ・コン・コン・コン！

ペットボトルを倒して楽しむ

テーブルにペットボトルを並べ、合図でペットボトルを倒します。ペットボトルが倒れる様子や、倒れたときの音を楽しみましょう。

準備物
ペットボトル（500㎖、350㎖　　など）10本程度（キャップなし）、テーブル

あそびのコツ

子どもが倒したら「倒れたね～」と一緒に楽しめる雰囲気づくりをしましょう。

展開のカギ

ペットボトルを増やして、友達とチャレンジしてみましょう。

キャー

遊んでみました

ペットボトルにシールなどで模様を付けておくと、更に興味をもっていました。

それー！

わー

キャー

体を伸ばして、鳴らして楽しむ！

リンリン ふりふり

遊びを通して　つかむ、振る運動を促す

つかんで振る動きを楽しむ

タオルを持って振るという活動は、ふだんの生活であまり経験しない動きです。体や手を伸ばして、つかんで、振る。この一連の活動の流れを体感してみましょう。

タオルを振って鈴を鳴らして遊ぶ

いろいろな高さで振ってみましょう。

リンリン

準備物

タオル、
鈴（楽器）、
つづりひも

★巻いたタオルの上部に鈴を取り付ける。反対側は玉結びをして子どもが持ちやすいようにする。

鈴

つづりひも

タオル

あそびのコツ

初めは手の届く所で遊んでみましょう。

展開のカギ

鈴の代わりに、ペットボトルにビーズなどを入れて音を楽しみましょう。

ビーズ
など

ペットボトル

遊んでみました

鈴が鳴るとジッと見ながらタオルを振っていました。握ったときのタオルの感触も楽しんでいました。

1歳児

ペーパー芯を握って引いて

うんとこゾロゾロ

遊びを通して 働き掛けることで変化が生じ、楽しい、おもしろい、不思議を感じる

好奇心を抱きながら

歩いて引くのではなく、その場で引くことを意識して遊んでいきます。中から何かが出てくるという楽しさや好奇心を抱きながら遊ぶことが、子どもの気持ちに変化をもたらします。

その場で引っ張って遊ぶ

1 ペーパー芯をゆっくり引く

ペーパー芯をつかみ、ゆっくりと引いてみましょう。

準備物

段ボール箱、ペーパー芯、ひも、毛糸

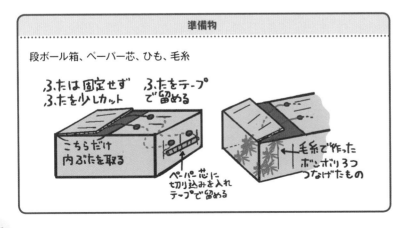

ふたは固定せず
ふたを少しカット

ふたをテープで留める

こちらだけ内ぶたを取る

ペーパー芯に切り込みを入れテープで留める

←毛糸で作ったボンボリ3つつなげたもの

❷ 箱の中からゾロゾロ出てくる

はじめは、「なんだろう?」と好奇心でひもを引いていました。中から出てきた物を見て「わ〜っ!」と驚いていました。繰り返し遊んでいくと、ひもの引き方も覚えた様子でした。

箱の中から毛糸のボンボリがゾロゾロと出てきます。
繰り返し遊んでみましょう。

🔑 展開のカギ

ひもの長さを長くしたり、先に付けている物を別の物に変えたりするとさらに興味をもつでしょう。

また、ひもを通す穴を小さくするとひもに負荷が掛かり引く力を増さなければなりません。ひもを太くしてもいいですね。変化をつけて遊んでみましょう。

スズランテープのボンボリ

太いひも

何かな？　穴をのぞいて…

ころころ・コロコロ

なるほど解説

穴に興味津々

子どもは穴があったり、窓があったりするとのぞこうとします。中に入っているピンポン球に興味をもつと、パックを傾けたりしながらピンポン球を転がして遊ぶでしょう。

遊びを通して　興味をもつ大切さ、好奇心や探究心の芽生えを育てる

穴からのぞいたり、ピンポン球を動かしたりして遊ぶ

① まずは手に取ってのぞいてみる

準備物

紙パック、ピンポン球(橙色)、クリアフォルダー

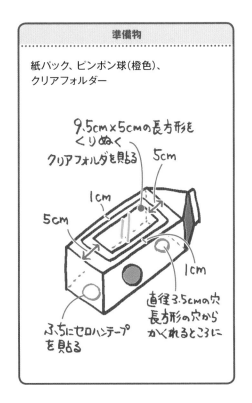

9.5cm×5cmの長方形をくりぬく
クリアフォルダを貼る

5cm

1cm

5cm

1cm

ふちにセロハンテープを貼る

直径3.5cmの穴
長方形の穴から
かくれるところに

牛乳パックに興味を示したら、手に取ってのぞいてみましょう。

② 牛乳パックを傾けて、ピンポン球を転がしてみる

展開のカギ

クリアフォルダーの部分にカラーセロハンを貼ってみましょう。色の変化も楽しめます。

手に取ってみると、中に何かが入っていることに気付くでしょう。
いろいろな方向に傾けて、中のピンポン球を転がしてみましょう。

③ 穴に入って止まったピンポン球を動かしたり、音を出したりして遊んでみる

遊んでみました

中にあるピンポン球を手にしたくて下の穴から指を入れていた姿が見られました。その他にも、左右に傾けて転がるピンポン球をじっと見入る子どももいました。少しの時間でしたが集中して遊んでいました。

傾けていると、穴に貼っているセロハンテープにピンポン球が付き止まります。
あれ?　と不思議に思い、牛乳パックを振ったり、たたいたりと働きかけてピンポン
球を動かしましょう。音も出て楽しく遊べます。

1
歳児

手作り玩具

ころころ・コロコロ

2 歳児

ひも通し遊び
おとおしタオル

遊びを通して 左右に引く力で、指先の力の調整を促す

進みづらさもおもしろい

ペーパー芯は通しやすい直径ですが、タオルが膨らんで進みにくい所、テープでスムーズに進む所があります。単なるひも通しではなく、左右に引く力が必要です。指先の力を調節しながら通してみましょう。

2歳児

手作り玩具

おとおしタオル

輪にタオルを通して、引っ張って遊ぶ

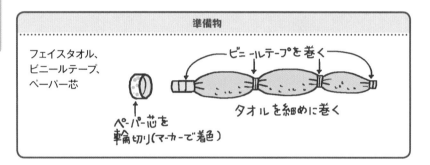

準備物

フェイスタオル、
ビニールテープ、
ペーパー芯

ビニールテープを巻く

タオルを細めに巻く

ペーパー芯を
輪切り（マーカーで着色）

1 輪切りにしたペーパー芯を
通してみる

タオルに輪切りにしたペーパー芯を通してみましょう。

2 タオルをしっかり持って
横にスライドさせる

ペーパー芯を握り、タオルをしっかり持って引っ張ります。
通りにくい所、通りやすい所があり、引っ張るのが楽しくなります。

③ 最後までいってもOK。途中で留めてもOK。
　　思い思いに通してみる

遊んでみました

遊び始めは、輪を通し始めの部分辺りで何個も重なっていました。初めに通した輪を少しずつずらしていくと進むのを覚えたようです。コツをつかんだらどんどん通して遊んでいました。

そのまま、最後まで引き抜いてみても、途中で留めても、逆から引っ張ってもいいでしょう。思い思いに遊んでみましょう。

◢ 展開のカギ

ペーパー芯の輪切りをカラーリングします。同じ物、別の色、長さの違いなどいろいろ準備をして、子どもが考えて遊べる環境を整えていきましょう。

また、子どもの遊ぶ姿を見ながら、タオルのテープで巻き付けている部分を増やして少しスムーズにしたり、タオルそのものを薄手に変えてみるなど工夫をしてみてください。難易度の違う物を用意するといいでしょう。

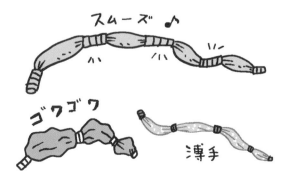

スムーズ♪

ゴワゴワ

薄手

おとおしタオル

2歳児

手を交互に変えて引こう！

カランカラン

遊びを通して　かいぐりに加え、つかむ、引く動きを経験する

なるほど解説

遊びの中で取り組もう

手を交互に変えて引く動きは、経験がないとできない動きです。かいぐりのような動きに、つかむ、引く動きを加えていきます。初めはゆっくりでいいでしょう。じっくり取り組んで遊んでみましょう。

包帯を引っ張って遊ぶ

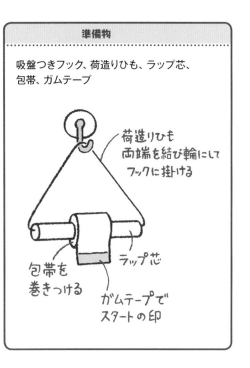

準備物
吸盤つきフック、荷造りひも、ラップ芯、包帯、ガムテープ

荷造りひも
両端を結び輪にして
フックに掛ける

ラップ芯

包帯を
巻きつける

ガムテープで
スタートの印

① 包帯のスタートの印を持って引く

包帯の先端、スタートの印を持って、引いていきましょう。
引き始めに興味津々です。

② 手を交互に動かし、引き出す運動をする

1回引いただけでは終わらず、もっと引くためにもう片方の手を使います。どんどん引くことで、手も交互に動かすでしょう。

③ 後ろに下がらず、その場で引き出す

体を後ろに動かして引くのではなく、手を動かして引くようにしましょう。その場で留まるようにすると、しぜんに手を交互に使うでしょう。

遊んでみました

保育者が遊んでいるのを見て子どもは興味をもって取り組んでいきました。手を交互に変えて引き出す動きも初めはゆっくりしていましたが、徐々に手を動かすスピードも速くなりあっという間に包帯を引き出していました。

展開のカギ

包帯の長さを変えたり、包帯に仕掛けを作ります。☆や雪の結晶、○、▲などのマークを貼ると、興味や関心が増すでしょう。

コップを動かして球を落としてみよう！

2歳児

ぽっとん ぽっとん

いろいろな刺激を得る！

指先を使うことは、脳に良い刺激を与えます。コップを左右に動かし穴の中に入れる動きは、調整力を促します。興味をもって取り組み、遊ぶ中で、体の様々な部分を刺激しましょう。

遊びを通して つまんで落とす、穴に入れる、調整力を育てる

ピンポン球をつまんで落とし、コップを動かす

① ピンポン球を カップに入れる

ピンポン球を持ち、カップに入れます。

② 穴を通して、 下の段へ進める

カタ カタ

カップの底の空いている穴に入るように揺らしたりして、下の段に進めていきます。

準備物

クリアカップ、
ピンポン球、
ビニールテープ

ピンポン球が入る大きさの穴

クリアカップ

セロハンテープでしっかり固定

③ 一番下まで来たらゴール！

コロコロ

一番下までたどり着いたらゴールです。繰り返し遊んでみましょう。

遊んでみました

初めは力任せにコップを振っていましたが、繰り返し遊ぶとゆっくりと傾けたりピンポン球を落としたりしていました。

展開のカギ

つなぎ目3cm程を画用紙などで覆います。少し感覚を使って遊んでみましょう。

第4章

身近なもので

身の回りの生活の中にある物も、立派な玩具。
素材の特性を生かして、遊べます。
仕掛けがなくても、
物に触れることで、子どもは様々な発想で遊びます。
少しの工夫で遊びもどんどん広がります。

手のひらの感触を楽しむ

0歳児

にぎっ・にぎっ・にぎっ

遊びを通して　握る、持つなど手のひらの感覚を刺激する

手のひらに心地良い感触

握るだけで心地良く、なんだか不思議な感触が手に残ります。握って力加減を覚えたり、手のひらの感触を好んだり、傘袋のカサカサする音にも興味をもちます。少しの時間でも、心地良く安心できるといいですね。

タオルを握ってみよう

❶ ギュッと握ってみよう

ごろごろタイプ

おすわり、はいはいタイプ

寝転んでいる顔辺りに持ってきて、ギュッと握って遊びましょう。

目の前に置いて
自分で取って握ってみましょう。

❷ 感触と音も楽しもう

ぎゅっと握ったり、タオルと傘袋の感触を楽しんだり、カサカサという音なども楽しんで過ごしましょう。

準備物
フェイスタオル、傘袋、ビニールテープ

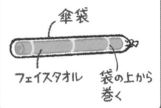

傘袋

フェイスタオル　袋の上から巻く

遊んでみました

興味をもって触ったりしていました。握る子どももいれば、傘袋をつかむ子どももいました。それぞれ感触を楽しんだり、傘袋の音を楽しんだりしていました。両端を結んで輪にしても持ちやすかったようです。

展開のカギ

フェイスタオルを2枚重ねした物を準備しましょう。重さや、握ったときの力の入り方にも変化が見られます。

風船はどんな感触?

0歳児

バリバリ
ぽよよ～ん!

遊びを通して 手のひらの感覚、落ちてくる風船を見る

風船の感触の違いを楽しもう
柔らかい部分もあれば、テープで留めている部分は少し硬い。その違いを楽しみましょう。また、質量が重くなるので、上から落とすとスーッと落ちます。保育者と一緒に感触を楽しみながら過ごしてみましょう。

風船に触れてみる

手に取って感触を楽しんで遊ぶ

準備物

風船、梱包用テープ(透明)
★風船の中央に梱包用テープを巻き付けます。風船の結び目もテープで貼り付けます。

風船

梱包用テープ

結び目をテープで留める

ごろごろ、おすわり、はいはいなどどの発達段階でもOK。手に取ってゴムの部分と、テープの部分の感触を楽しんでみましょう。

遊んでみました
触るとなんだか不思議そうにしていました。柔らかい部分も好んでいたり、テープの部分も触ったりして楽しんでいました。少し多めに作って遊ぶとあっちこっちに風船を追う姿も見られました。

展開のカギ

テープ無しの物も用意して違いを感じてみましょう。

ティッシュケースに腕を通して

にゅ〜っと バアーッ！

好奇心を抱く

ティッシュケースを持って手を通す
だけの遊びですが、手のひらにプチ
プチシートの感触があり、刺激をも
たらします。好奇心で手を入れると、
反対側から自分の手が出てくるおも
しろさも楽しめます。

遊びを通して 興味や関心、好奇心をもつ

ティッシュケースを持ち、遊ぶ

準備物

ティッシュケース、プチプチシート
①取り出し口を画用紙等で閉じ、中央より端
　寄りに直径8cmの穴を、上面と底面の両
　方にあけます。
②プチプチシートで包み、穴の部分だけ切り
　込みを入れます。

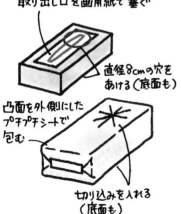

取り出し口を画用紙で塞ぐ

直径8cmの穴を
あける（底面も）

凸面を外側にした
プチプチシートで
包む

切り込みを入れる
（底面も）

❶ 手に取って、穴に手を入れてみる

ドキドキ

手に取って、穴に手を入れてみます。
プチプチシートの感触も楽しみましょう。

② 反対側からバァーッと出してみる

でた〜！

バァーッ

反対側から手を出してみます。
腕が通ることも楽しさの一つです。

③ これを繰り返して遊ぶ

手を抜いたり、入れたりして、
繰り返し遊んでみましょう。

遊んでみました

初めは、手に持って振ったりするだけでしたが、穴の存在に気が付き、ドキドキしながら手を入れていました。

展開のカギ

穴の中をのぞいたり、ボールなどを入れて遊ぶこともできます。いろいろと遊びの展開ができるので十分に楽しんでみましょう。

初めはビックリ、後はフワフワ

よいしょでフワフワ

0〜1歳児
+
卒園児

卒園児とのふれあいの時間
子どもたちは体に力を入れたり、バランスを取るなど、上手に座れるようになっていきます。マットが持ち上がる瞬間は少し驚くかもしれませんが、卒園児の笑顔を見て、安心して楽しめるでしょう。

遊びを通して　体のバランスを取りながら座る

0-1
歳児
+
卒園児

身近なもので

よいしょでフワフワ

マットに乗って卒園児に運んでもらう

マットの上に子どもが一人ずつ座ります。
卒園児が4〜6人でマット（持ち手）を持ち上げ、
魔法のじゅうたんのイメージで運びます。

準備物

マット

せーのっ

展開のカギ

マットから下りたら次のマットに
移動し、再びスタートします。

すすむよ〜！

※マットに乗っている子どもがけがをしないように注意し、卒園児に声を掛けたり、保育者がサポートしたりしましょう。

遊んでみました

持ち上げてもらう瞬間は少しドキッとした表情をしていましたが、フワフワとした感覚に次第に笑顔が見られるようになりました。「もういっかい！」とお願いして一緒に楽しんでいました。

おもしろ〜い♪

ソフトリングをカラー標識に一緒に掛ける

ドン！Wa ガッチャーン

遊びを通して 奥行きを感じる、異年齢児との関わりを楽しむ

カラー標識に掛けよう！

遊び始めは、カラー標識に掛けることができるかどうかです。きちんと見て奥行きを感じながら掛けることができればいいでしょう。色の認識は月齢の差にもよるので、できる子どもは色合わせもするといいでしょう。

1 異年齢児と一緒に リングバトンを一つ取りに行く

マットの上に並べたリングバトンを、
異年齢児と一緒に一つ取りに行きます。

準備物

リングバトン（新聞紙やホースなどを代用しても可。色分けをしておくとよい）
マット、カラー標識

2 カラー標識に行き、リングバトンを1歳児が掛ける

リングバトンを二人で一緒に持ち、カラー標識まで行き、1歳児が掛けます。

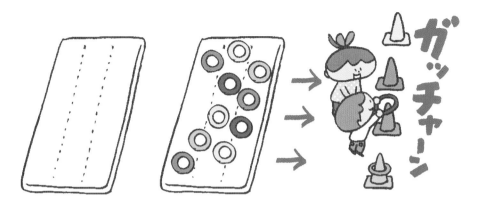

3 手をつないで戻る

手をつないでスタートのマットに戻ります。
これを繰り返して遊びます。

遊んでみました

リングを持ったときに、輪の中をのぞいてみたり手を通したりしていました。異年齢児に声を掛けられると喜んで一緒に行き、懸命に掛けようとする姿が見られました。遊びを繰り返しているうちに自分で色を選んだり、一度に3つ4つとリングを持つ姿も見られました。異年齢児と穏やかに過ごすことができました。

展開のカギ

カラー標識を置く場所をいろいろと変えてみましょう。

1 歳児

探してつかんで袋に入れる！

み〜っけ！

遊びを通して　見渡して探す、袋に出し入れする運動を促す

1 玉を探す

子どもたちにレジ袋を渡し、
「エイ、エイ、オー！」で玉を探しに行きます。

準備物

玉入れの玉、レジ袋（子どもがしっかり持ち運びできる大きさ）、かご、マット、玉を隠す布　など
★保育室内・外（子どもがわかりやすいところ）に玉入れの玉を置く。

みんなで探して〜

エイエイオー

あそびのコツ
隠すときは、伝えながら隠します。

布の下に隠す

マット

あそびのコツ
見えるように並べて置きましょう。

2 玉を集める

玉を見つけたらレジ袋に入れていきます。いっぱいになったら、かごに入れ、再び集めに行きます。

みつけた〜！！

いっぱいになった！

遊んでみました

初めは、目の前の玉しか気付いていなかったけれど、遊びが進むと、いろいろな所を探していました。お買い物ごっこという設定で導入するとわかりやすかったようで熱心に袋に入れていました。

1~2歳児

どこに隠れたのかな？　探してみよう！

かくれて GO！

遊びを通して 隠れそうな所を探す活動、簡単な言葉のやり取りを促す

隠れそうな所を見つけよう
子どもたちは、隠れたり入ったりできる場所に興味をもちます。友達と楽しさを共有することも、この年齢では楽しみの一つ。保育者との関わりにおもしろみを含みながら遊びを深めることも大切でしょう。

---

1 保育者がオニになって隠れる

子どもはマットに座ります。保育者が隠れることを伝え、みんなで目を閉じて保育者と一緒に数をかぞえます。「もういいかい？」「まあだだよ」「もういいよ」とかくれんぼのやり取りを楽しみます。

準備物

マットやとび箱(巧技台)、段ボールのしきり　など、隠れるスペース

あそびのコツ
子どもが隠れやすい環境を整えてみましょう。

もう いいかーい？

ままごとハウス など

もういいよー
折り畳み式 マット

とび箱(巧技台)

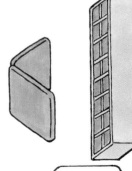
ロッカー

2 オニを探しに行く

みんなで保育者を探しに行きます。見つかった保育者は子どもを追い掛け、子どもはマットまで逃げます。繰り返し遊んでみましょう。

🔖 **展開のカギ**

ホールなどある程度広さがある場所に準備し、活動的になるよう配慮してみましょう。

どこ〜？

ここかな〜？

みーつけた！

よし、捕まえちゃうぞ〜！！

見つかっちゃった！

あそびのコツ
子どもが隠れて、保育者が探してみるのも楽しいです。

遊んでみました
数をかぞえることや「もういいかい？」「もういいよ」のやり取り、マットに戻ることをとても楽しんでいました。

1-2
歳児

身近なもので

かくれてGO！

117

入れたい物を選んでポストへゴー！

1~2歳児

えらんで ポスト

遊びを通して　言葉で自分の気持ちを伝える

言葉で伝え、認識し行動する
どの手紙が欲しいかを言葉に出して伝えます。言葉がうまく出なくても、意思を伝えることができればいいですね。手紙の大きさを認識し、ポストに入れていきます。うまく入れられるか温かく見守りましょう。

手紙をもらってポストに入れる

子どもはテーブルまで行き、「○○のおてがみください」と保育者に伝えます。手紙をもらったら、その手紙の大きさに合ったポストへ入れに行きます。これを繰り返し遊びます。

このおてがみ
ください

準備物

紙パック、ティッシュケース（厚紙でもOK）、段ボール板、段ボール箱3つ、テーブル

★〈手紙〉

Ⓐ紙パックの
1面

Ⓑティッシュケースの底面

ⒸA4またはA5サイズに切った段ボール板

★〈ポスト〉
3つの段ボール箱のそれぞれにⒶⒷⒸがちょうど入る大きさの口をあけて並べる。

はいった!

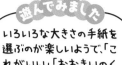

遊んでみました

いろいろな大きさの手紙を選ぶのが楽しいようで、「これがいい」「おおきいのください」と言葉で伝える姿がよく見られました。

ほそいおてがみ、いれるんだ

展開のカギ

保育室から出て、廊下やホールなどにポストを設置してみましょう。

※保育者は様子をしっかり見守り、事故防止に努めましょう。

行ってみよう

廊下にポストがあるよ!

うん!

保育室のいろいろな所に付けに行こう！

1~2歳児 せんたくばさみでお散歩ごっこ

遊びを通して 微細運動を楽しむ、期待感・好奇心・探究心をもって遊ぶ

心の動きを育てる

保育者との言葉のやり取り、自分で探して取り付けるなど、遊びを通して子どもの今後の活動に必要な期待感・好奇心・探究心など心の動きを育てましょう。

---

1 洗濯ばさみをもらいに行く

保育者が洗濯ばさみ屋さんになります。子どもは洗濯ばさみ（3個程度）をもらいに行き、服の裾に付けます。保育者との簡単なやり取りを楽しみましょう。

※洗濯ばさみは保育者に付けてもらってもOK。

せんたくばさみ、ください〜

準備物

帯状の色画用紙、ビニールテープ、洗濯ばさみ

★保育室のいろいろな所に色画用紙を貼っておく。

周りをビニールテープで補強 / 色画用紙

展開のカギ

色画用紙の数を増やしたり、範囲を広げたりしてみましょう。

みつけた！

2 色画用紙に付ける

保育室内に貼ってある色画用紙を探して洗濯ばさみを付けていきます。なくなったら、洗濯ばさみ屋さんへ行き、追加の洗濯ばさみをもらって繰り返し遊びます。

ジャングルジム
にも！

ここにも！

遊んでみました

「きいろがいいな」などやり取りをして保育者との関わりを楽しんでいました。真剣な表情で、指先を使って洗濯ばさみを付けていました。

せんたくばさみでお散歩ごっこ

思い切り箱を倒すぞ！

1~2歳児
＋
卒園児

箱・ハコ・ド～ン！！

遊びを通して　自信をもって取り組む

なるほど解説

卒園児の姿から刺激を受ける

ここで大切なことは、卒園児の活動を子どもたちがどのように感じて見ているかということです。大きな箱を積み重ねる卒園児の姿を見て、「やってみよう！」と感じ、自分たちで取り組むことが大切です。

卒園児が重ねた箱を倒す

1~2
歳児
＋
卒園児

卒園児がマットの上に箱を重ねます。
合図で走っていき、手で箱を倒したり、
マットから落としたりして繰り返し遊びます。

準備物
同じ大きさの段ボール箱（大型積み木でもOK）、色画用紙、マット(巧技台などでもOK)
★段ボール箱に色画用紙を貼る。
※箱の大きさは1.5ℓのペットボトルが6本入る段ボール箱を二つつなげたサイズが目安です。

えいっ

身近なもので

箱・ハコ・ド～ン！！

どんっ！！

展開のカギ

箱の数を増やして
みましょう。

箱・ハコ・ド〜ン！！

遊んでみました

積み上げている箱を倒すことをとっても喜んでいました。卒園児が見守る中、声を掛けてもらったり、倒すと拍手をしたりしてくれるのでより一層やる気を出して楽しんでいました。

タッチ〜♪

オニから逃げてしっぽを増やせる！

2 歳児 ふえふえシッポ

遊びを通して　みんなで一緒に楽しむ、自分の体をうまくコントロールする

遊びながら体をコントロール
初めはオニから逃げるために、マットから出て逃げる姿も見られますが、遊ぶうちに、姿が変わってきます。オニに捕まらないようにマットの端に自分の体を寄せるなど、遊びながら体をコントロールしようとします。

しっぽを取られないように走り抜ける

しっぽを付けた子どもが5人ずつイスに座ります。
合図でオニ（保育者）にしっぽを取られないように逃げながらマットの上を通り抜け、フープまで走ります。
フープまでたどり着いたら、しっぽを1本増やします。
全員が走り終えたら、次の5人がスタートします。

準備物

フェイスタオル（しっぽになる物なら何でもOK）、マット、園児用イス、フープ
★フェイスタオルの端に結び目を作り、ズボンに挟む。

しっぽを1本増やして並ぶ

初めはしっぽ1本

約2m

オニ

5人でスタート

とおれた！

身近なもので

ふえふえシッポ

とられる〜

遊んでみました

「しっぽをとられるかも…！」
というスリルがあって、盛り
上がりました。またしっ
ぽをもらえる安心感から、
ルールを守って遊ぶことが
できました。

興味・関心・大発見！

② おーっ、さかなチャン！

2歳児

遊びを通して　水の不思議さを感じる

なるほど解説

水の不思議を経験する

今までタライの中にいた魚が、ペットボトルを持ち上げて中に入れるだけでフワ〜っと浮いてくる不思議さがいいでしょう。水の不思議さ、自分で取り組もうとする姿、様々な経験ができます。

---

1 ペットボトルを沈め、水を入れる

2
歳児

身近なもので

おーっ、さかなチャン！

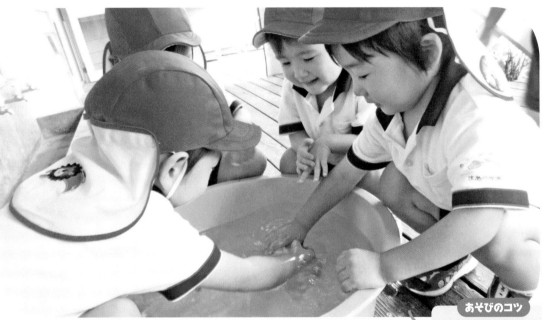

あそびのコツ

初めは保育者が子どもに見せることで、自分たちでチャレンジしてみようと感じるでしょう。

準備物

タライ、ペットボトル（500㎖）、魚型のしょうゆ入れ

★ペットボトルの底を切り取り、ビニールテープでカバーする。

★魚型のしょうゆ入れに水を入れておく。（食紅で作った色水を入れてもOK）

底を切り取る　ビニールテープ

500㎖のペットボトル

魚型のしょうゆ入れ

水を入れてふたを締める

2 ペットボトルを水面まで持ち上げる

下から魚型のしょうゆ入れを入れ、泳がせる。

およいでる〜!!

展開のカギ

- ペットボトルを大きな物にする
- 中に入れる物を変えてみる
- 浮く物探しをする

しかくも まるも およいでいる

あそびのコツ

しょうゆ入れには空気を少し入れておきましょう。

3 水を抜く

水面から引き上げて水を抜きます。繰り返し遊びます。

遊んでみました

ペットボトルを持ち上げると、中で魚がフワフワしているのを見て、不思議そうにしていました。

ジャーッ!

にげちゃった!

2 歳児
+
異年齢児

できるかな？　やってみよう!!

タオルで わっせ！

遊びを通して 異年齢児と力を合わせようとする、関わりを楽しむ

なるほど解説

異年齢児の力はスゴイ！

遊び始めはこぼしたりするでしょう。異年齢児と一緒に力を合わせて運べるように声を掛けます。初めはぎこちなくても、繰り返すうちに、持ち方や力の入れ方も覚えスムーズに運べるようになります。

1 ふたりで紅白玉をタオルにのせて運ぶ

マットの周りにタオルを置いて、紅白玉を10個程度（数がたくさんあるならいくつでも）のせ、タオルの端っこを持って一緒に運びます。

準備物

紅白玉、マット、フェイスタオル、段ボール箱

ザッ…

遊んでみました

タオルにのせるとき、一度にたくさんのせたり両手に持てる二つ分だけのせたりしていました。ポロリと落とす場面がたくさんありましたが、何度か遊ぶうちにバランスを取りながら運べるようになっていました。

2 段ボール箱に流し込む

二人でタイミングを合わせ、段ボール箱に紅白玉を流し込みます。

展開のカギ

段ボール箱の距離を取る、フェイスタオルをバスタオルほどの大きさに変えてみるなどしてみましょう。

3 タオルを持って戻り、繰り返す

二人でタオルを持ってマットまで戻り、同じように繰り返して遊びます。

第 5 章

関わりあそび

次第に友達への興味をもち始める頃、
隣り合って、向かい合って、一緒に走って、
友達と一緒にすることが楽しくなります。
そんな友達と一緒に遊べるあそびを
たくさん紹介します。

ドカ〜ンと跳び上がって違う場所へ

ロケット 3・2・1

0〜1歳児 + 異年齢児

なるほど解説

ジャンプのタイミングをつかむ

0・1歳児ではまだまだ思うようにジャンプができませんが、異年齢児の姿を見てまねっこし、同じタイミングでジャンプをして遊びます。両足ジャンプができるようになるきっかけをつくりましょう。

遊びを通して 屈伸運動をする、リズムを取る

ロケットジャンプをしてスタート

スタート地点で両手を合わせて構え、しゃがんで待ちます。「3・2・1 ドカ〜ン！」の合図でロケットジャンプをし、向こう側にいる保育者の元まで走ります。繰り返し遊んでみましょう。

※ジャンプが上手にできなくてもOK。跳ぶきっかけづくりとして捉えましょう。

スタート地点

3・2・1…

3・2・1

ドカ〜ン!

おいでおいで〜!

遊んでみました

異年齢児がジャンプする
姿を見せてくれたり、構え
方を教えてくれたりして、
互いにうれしそうでした。
ジャンプしたり走ったり…
体をたくさん使って楽し
めました!

展開のカギ

ゴールするポイ
ントを変えて遊
んでみましょう。

みんなと一緒に体を寄せて座る

1~2歳児

みんなでギュッギュッ

遊びを通して 曲に合わせて活動する（動く、止まる、座る）

みんなで遊ぶことが楽しい

「ここ、ぼくのばしょ！」と、自分だけで座るより、「みんなで座るとぎゅうぎゅうだけど楽しいね！」という雰囲気で遊ぶと楽しさも増します。次第に「ともだちといっしょがいい！」と気持ちの変化も見られます。

1~2歳児

曲が止まったら積み木に座る

曲が鳴ったら散歩をスタートし、曲が止まったら積み木に座ります。どの積み木に座ってもOK。
たくさんの人数で座ると楽しいでしょう。繰り返し遊びます。

準備物

大型積み木（子どもが数人で座れる物）

あそびのコツ

ピアノを弾いても、CDなどを流しても、どちらでもOK。ふだんからなじみのある曲（並足曲）がいいでしょう。

どこがいい
かな〜？

わっ！
いっしょ！

バスみたい〜！

みんなでギュッギュッ

遊んでみました

最初は1〜2人ずつ座る
姿が多かったですが、何
度かしていくうちに友達
の所に自ら座りに行き、
互いにうれしそうでした。

展開のカギ

曲を速くしたり、積み木
の数を減らしたりしま
しょう。

一っしかないよ！

"ぎゅうぎゅう"

キャー

マットをずらしたら、こぼうずが出てきた！

こぼうず
ど〜こだ！？

遊びを通して　友達とのやり取り

みんなで一緒に楽しむ

「縄を引くと、マットの下から友達が現れる」ことが、この遊びのツボです。みんなで楽しむ雰囲気を大切にしながら遊びを進めていくことで、一人ひとりが満足できるものになっていくでしょう。

1 こぼうずチームと、探すチームに分かれる

こぼうずチームは床に並んで寝転び、保育者が上から雪のお布団（マット）を掛けます。探すチームはマットに結んでいる短縄側に並びます。

準備物
マット、短縄、ライン（ビニールテープ　など） ★マットの持ち手に短縄を結ぶ。

掛けま〜す

探すチーム

こぼうずチーム

※きちんと役を分けなくてもOK。気持ちがのっている子どもから進めていきましょう。

2 探すチームが『ゆきのこぼうず』の歌で手遊びをする

① ♪ゆきのこぼうず　ゆきのこぼうず
　　やねに　おりた

ゆきの　　　　　　　こぼうず

━━ で手拍子、〰〰 双眼鏡ポーズをする。

② ♪つるりとすべって

手拍子する。

③ ♪かぜにのって　きえ

短縄を持って構える。

④ ♪た

こぼうずさん
みーつけた！

短縄を引っ張ってマットをずらし、「こぼうずさんみーつけた！」と言う。
※役を交代して繰り返し遊びます。

遊んでみました
大きなマットの布団を掛けてもらい、子どもたちは笑顔でした。探す方は力いっぱい布団を引っ張り、大きな声で「こぼうずさんみーつけた！」と大喜びでした。

展開のカギ

こぼうずチームを見つけたら、マットをずらした後、マットにのせて引っ張ってみましょう。
※人数の調節をしましょう。

キャ！
せーの！

※『ゆきのこぼうず』(外国曲　訳詞／村山寿子)

異年齢児とのふれあいがうれしい

ガッチャン列車

粗大運動とふれあいを楽しむ

異年齢児の足をまたぐ際、膝を上げて足を着く位置を確かめて歩いていきます。これらの動きは、歩くための基本的な動作です。遊びの中で粗大運動とふれあいを経験し、楽しく過ごせるようにしましょう。

遊びを通して 粗大運動（線路をまたいで歩く）を経験する

1 列車になって線路をまたぐ

異年齢児がランダムに広がり、足を肩幅に広げて座ります。1・2歳児は異年齢児の足を線路に見立て、『かもつれっしゃ』の歌をうたいながらまたいで歩きます。

※異年齢児も一緒に歌います。

2 「がっちゃん」でハグをする

「がっちゃん」で、列車の1・2歳児を異年齢児がギューッと
ハグします。再び歌って列車になります。

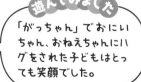

遊んでみました

「がっちゃん」でおにい
ちゃん、おねえちゃんにハ
グをされた子どもはとっ
ても笑顔でした。

展開のカギ

異年齢児がトンネルを数か所つくると、楽
しみが増えます。

※『かもつれっしゃ』（作詞／山川啓介　作曲／若松正司）

友達や保育者と笑顔になろう！

2歳児

あっぷっぷ〜で座りましょ！

遊びを通して 友達の存在を知る、楽しい雰囲気の中で過ごす

ねらいと着地点を考えて

移動してイスに座るとみんなの顔が見渡せます。一瞬にしてその場の雰囲気は和やかになるでしょう。移動するときは「自分で場所を見つける」という大切な狙いも含まれています。

2歳児

関わりあそび

あっぷっぷ〜で座りましょ！

1『だるまさん』のわらべうたで遊ぶ

♪にらめっこ
しましょう

円の中に座り、『だるまさん』を歌います。

あそびのコツ

初めは手遊びのみ、移動のみで遊ぼう。

準備物

ビニールテープ、園児用イス（人数分）

★ ビニールテープで子どもが全員入るよりも少し大きな円を描く。

★ 円の周りにある程度距離を取って園児用イスを内向きに並べる。

● ・・・保育者
◎ ・・・子ども

※園児用イスを間を詰めて丸く並べ、イスの脚に沿ってビニールテープを貼っていくと、きれいな円を描くことができます。

2 おもしろい顔で移動する

「あっぷっ…」でおもしろい顔をしたまま
移動し、「ぷ」でイスを決めて座ります。

あっぷっ

ぷ

わははー！！

友達とおもしろい顔を見合わせて笑っている姿はとても楽しそうでした。

3 円の中に戻って座る

おもしろい顔をみんなで見合ったまま円に戻ります。
繰り返し遊びます。

▶ 展開のカギ

イスを一つ減らしてみ
ましょう。座れなかっ
たら保育者の膝の上に
座って手遊びをします。

♪にらめっこしましょ

言葉のやり取りでトンネルをくぐろう！

2歳児

どこ？ どこ？ トンネル

遊びを通して 友達と一緒に楽しむ、自分で考えて移動する

なるほど解説

工夫しながらくぐる

3つのトンネルを探して、体を小さくしてくぐることと、友達とぶつからないように同じ方向からくぐることを経験していくことができます。自分で考えて活動できるように、助言は最小限でいいでしょう。

2歳児

関わりあそび

どこ？ どこ？ トンネル

1 フープに入ってドライブ

3人がそれぞれフープの中に入り、「ヨーイドン！」でフープを持ってドライブします。

準備物
フープ、マット（ラインでもOK）

ヨーイドン！

異年齢児と一緒に遊んでみましょう。

しゅっぱ〜つ！

2 トンネルをつくり、みんながくぐる

好きな場所で止まったら、フープを立ててトンネルをつくります。残りの子ど
もたちと「もういいかい？」「もういいよ！」のやり取りをしてから、トンネルを
くぐりに行きます。全員がトンネルを全てくぐって元の場所に戻ったら、最初
の3人はフープに入ってスタートまで戻ります。交代で繰り返し遊びます。

あそびのコツ

初めは保育者がトンネル
をつくり、どの場所でも
いいことを伝えましょう。

遊んでみました

「ヨーイドン！」と
言ってフープをく
ぐりに行く子ども
や、同じ方向か
らくぐるように慎
重になる子ども
もいました。

友達や保育者と一緒に一つの遊びを楽しもう！

2歳児

あぶくたった お化けごっこ

遊びを通して 遊びながらルールを理解する

なるほど解説

いろいろな要素を含んだ遊び
わらべうたのテンポを心地良く感じたり、友達と手をつないで一緒に楽しんだり、「ムシャムシャムシャ」と食べるふりをしたりすることに加え、保育者からうまく逃げるオニ遊びの要素も楽しむことができるでしょう。

2
歳児

関わりあそび

あぶくたったお化けごっこ

『あぶくたった』の歌で遊ぶ

① ♪子 あーぶくたった
　　　にえたった　　にえたか
　　　どうだかたべてみよう

手をつないでリズムを取る。

準備物

園児用イス（マットでもOK）

★イスを内側に向けて円に並べる。
★お化け役の保育者が真ん中に座り、その周りに子どもが手をつないで円になる。

② ♪子 ムシャムシャムシャ

ムシャ
ムシャムシャ

食べるまねをする。

※『あぶくたった』（わらべうた）

3 ♪⊕ **まだにえない**

座ったまま言う。

4 ♪⊕ **あーぶくたった　にえたった**
にえたか　どうだかたべてみよう

❶と同じ。

5 ♪⊕ **ムシャムシャムシャ**

❷と同じ。

「♪もうにえた！」の言葉で子どもたちは逃げますが、イスに座らず、ひたすら逃げる子どももいました。少人数で遊び始め、次第に集まってきて、最後は大勢で遊びました。

6 ♪⊕ **もうにえた**

♪もうにえた

お化けが子どもを追い掛ける。

子どもは逃げて周りのイスに座り、「あ〜っ、よかった」と言う。繰り返し遊ぶ。

➡ 展開のカギ

慣れてきたら、子どもも一緒にお化けをしてもいいでしょう。

またー

あそびのコツ

捕まえずに、うまく逃げることができるように追い掛けましょう。

2
歳児

関わりあそび

あぶくたったお化けごっこ

簡単なルールで遊ぼう！

2歳児

どうぶつオニごっこ

なるほど解説

ルールを覚えてみんなで遊ぶ

簡単なルールを覚えてみんなで遊ぶことは、これから集団を形成していくうえで大切です。ハイハイで逃げるもどかしさを楽しみ、しっかりと膝を動かして手を前に出し、目的地まで進むことも重要になります。

遊びを通して ルールを知る、粗大運動を楽しむ

『10人のインディアン』の替え歌で遊ぶ

1番

❶ ♪もりからでてきた　どうぶつさん

手拍子をする。

準備物

マット、ビニールテープ

★床の中央にビニールテープを四角く貼り、周りをマットで囲む。

★四角の中に子どもが入って座る。

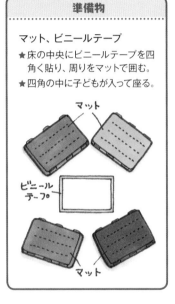

マット

ビニールテープ

マット

❷ ♪どんななきごえ　きいてみましょう

どんな　なきごえ　きいてみましょう

左手を左耳、右手を右耳に順番に当て、左右に頭を揺らす。

③ ♪チュウチュウチュウチュウ
　ないています

チュウ　　チュウ

両手の指を3本立てて頬に当て、
ネズミのポーズをする。

④ ♪おおかみがきたぞー！

手拍子をする。

⑤ ♪「ガオーッ！」

にげろ〜！！

保育者がオニ（オオカミ）になり「ガオーッ！」と言って追い掛ける。
子どもたちはハイハイで周りのマットへ逃げる。

[2番]

③ ♪ニャアニャア
　ニャアニャア
　ないています

ニャア　　ニャア

ネコのポーズをする。

[3番]

③ ♪ワンワン
　ワンワン
　ないています

ワン　　ワン

犬のポーズをする。

遊んでみました

ポーズは子どもたちと「どんな
のがいい？」と一緒に考え、
遊びました。次の機会には、
いろいろな動物のポーズを考
えて遊んでみたいです。

展開のカギ

●距離を離して
　みましょう。

●逃げる場所を
　限定してみま
　しょう。

赤いマット
だけだよー！

※『10人のインディアン』（アメリカ民謡）のメロディーで　作詞／小倉和人

145

考えながら体を動かしてみよう！

2 歳児

色いろクイズ

少し複雑なルールに挑戦する

考えながら進めることで遊びが少し複雑になります。まだかな？　と気持ちがはやったり、懸命に答えを考えてフープを探すなど、一つのルールで、様々な姿が見られます。

遊びを通して 色を認識する、ルールを知りチャレンジする

---

2 歳児

関わりあそび

色いろクイズ

1 『ロンドン橋』の替え歌に合わせて 手拍子をしながら反時計回りに歩く

「♪ かんがえて　はいろう　はいろう　はいろう　かんがえて　はいろう　はいりましょう」の歌詞に合わせて、手拍子をしながら反時計回りに歩きます。途中で保育者がピアノ伴奏をしながら「色いろクイズ」（○○は何色？）を出し、子どもは歩きながら答えを考えます。

準備物
フープ（3色×3セット）
★3色のフープを交互にして円になるように並べて置く。

あそびのコツ

子どもの様子を見ながら、ピアノ担当と進行担当を分担して進めましょう。

かんがえて　はいろう

フープの色を増やし
てみましょう。

青と白を
増やします〜

2 クイズの答えと 同じ色のフープ を探して入る

ピアノ伴奏が止まったら、ク
イズの答えと同じ色のフープ
を探して中に入ります。

※最後はきちんとみんなで答えを確認しましょう。

あか！

まだ色が分からない
子もいたので、フー
プの色と物の名前を
最初に伝えました。
そうすることでスムー
ズにクイズに答えら
れました。

色いろクイズの例

※用意したフープの色に合わせてクイズを出しましょう。
※子どもが理解しやすい物がいいでしょう。

赤	青	黄	緑	白
・トマト ・リンゴ ・サクランボ	・海 ・空	・バナナ ・パイナップル ・信号の真ん中	・ピーマン ・エンドウマメ ・葉っぱ	・牛乳 ・豆腐 ・ヨーグルト

※『ロンドン橋』（イギリス民謡）のメロディーで　作詞／小倉和人

トマトは
何色？

走ったり、リズムを楽しんだり♪

2歳児 おちゃらか ド〜ン♪

遊びを通して 合図で走る、リズムを楽しむ

気持ちを切り替えて繰り返し走る

ゆっくりしたリズムで繰り返し遊んでいきます。簡単なものでも「できた！」という気持ちをもつことで、遊びに対し意欲的になります。かけっこをする合図は、手遊びのすぐ後なので気持ちの切り替えが必要です。

1 2チームに分かれる

Aチームはラインに並び、Bチームはイスに座って向かい合わせになります。

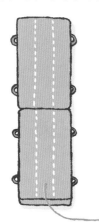

Aチーム　Bチーム

準備物

ライン（ビニールテープ）、園児用イス、マット

2 『おちゃらかほい』の
替え歌で遊ぶ

① ♪おちゃらか　おちゃらか　おちゃらか

♪おちゃらか
おちゃらか
おちゃらか

両手タッチでリズムを取る。

※『おちゃらかほい』（わらべうた）のメロディーで　一部作詞／小倉和人

❷ ♪ニコッ！

♪ニコッ！

顔を見合わせて、ニコニコポーズをする。

❸ ♪あいずがなったら　ヨーイドン！

ヨーイドン！

❶の動作を繰り返し、「ヨーイドン！」で反転してスタート。マットまで行ったらスタート地点に戻り、役割を交代する。
※交互に遊んで力いっぱい走ってみましょう。

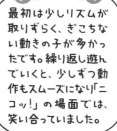

展開のカギ

===== 線部を「トン（手を打つ）」「パ（相手に両手タッチ）」に変えて、ゆっくり遊んでみましょう。

♪おちゃらか　おちゃらか　おちゃらか　ニコッ！
あいずが　なったら　ヨーイドン

※遊び始めは、「♪おちゃらか」を両手タッチ2回にしてもOK。

おちゃ　　らか

ポーズのときはピタッ！

2 歳児

どんぐり
オニオニ

常にハラハラドキドキ！

一つの動きの後に止まります。動いてしまうとオニから呼ばれて近くにいることになるので、逃げる際のハンデになるでしょう。少しドキドキするけれどおもしろい雰囲気で楽しんで遊べるといいでしょう。

遊びを通して 動く、止まるのメリハリがつく

『どんぐりころころ』の歌で遊ぶ

子どもは中央に立ち、オニ（保育者）はフープに入って背中を向けます。「だるまさんがころんだ」の要領で遊びます。

準備物
フープ1本、マット2枚

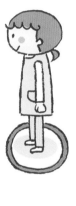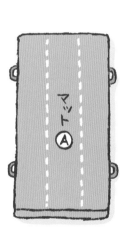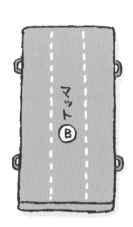

マット Ⓐ

マット Ⓑ

❶ ♪ どんぐりころころ
　　どんぶりこ

その場で手拍子し、「どんぶりこ」で両手で丸をつくったポーズで止まる。
オニはフレーズの最後で振り向き、動いた子どもはマットＡに移動させる。

♪どんぐりころころ

♪どんぶりこ

※『どんぐりころころ』（作詞／青木存義　作曲／梁田貞）

② ♪おいけにはまって　さぁたいへん

手拍子してから大変ポーズ。

③ ♪どじょうがでてきて　こんにちは

手拍子してからお辞儀ポーズ。

④ ♪ぼっちゃんいっしょに

手拍子をする。

⑤ ♪あそびましょう

歌の最後でマットBに逃げ、
オニが追い掛ける。
マットAの子どもも逃げます。
繰り返し遊んでみましょう。

にげろ〜！！

展開のカギ

- ●ポーズを変化させてみましょう。
- ●マットの距離を離してみましょう。
- ●オニに呼ばれた子どもも子オニ
  になってみましょう。

♪どんぶりこ

遊んでみました

歌いながらポーズをするとき、どうしても動いてしまいがちでしたが、繰り返し遊んでいくうちに力を入れてピタッと止まることができました。

2歳児

友達と一緒にチャレンジ！

なべなべ はいりましょ！

遊びを通して 友達と一緒に遊ぶことを楽しむ

2歳児

関わりあそび

なべなべはいりましょ！

1 フープを持ち、『なべなべそこぬけ』の 一部替え歌で遊ぶ

❶ ♪なべなべそこぬけ

❷ ♪そこがぬけたら はいりましょう

準備物
フープ（二人に1本） ★間隔をあけて床に置いておく。

♪なべなべ そこぬけ

二人組でフープを持って揺らす。

♪そこがぬけたら はいりましょう

回らずにフープの中に入る。

展開のカギ

3人で遊んでもおもしろいです。

なべ なべ そこぬけ

あそびのコツ

ゆっくりとしたリズムで歌い、子どもたちが中に入るのを確認しましょう。

2 別のフープに移動する

1 ができたらフープを下に置く。「あくしゅ　あくしゅ　あくしゅでバイバイバイ」と唱えて別のフープへ移動します。

遊んでみました

初めは向かい合わせで両手を握って握手をすると、スムーズに遊べました。

あくしゅ あくしゅ

バイバイバイ

※『なべなべそこぬけ』（わらべうた）のメロディーで　一部作詞／小倉和人

友達が取りやすい所へ渡そう！

2 歳児

おとなりへ「ハイ！」

遊びを通して 遊びに集中し、一緒に楽しむ

1 隣にボールを手渡す

横一列になって座り、保育者は、端の子どもにボールを手渡します。
「よーいどん！」の合図で、「おとなりへハイ！」と唱えながら渡します。

準備物
ボール（15人に3〜4個）、かご

あそびのコツ

初めは一つのボールを丁寧に渡していきましょう。

2 ボールをかごに入れる

反対側の端の子どもはボールをかごに入れます。
子どもの様子を見ながらボールの数を増やして繰り返し遊びます。

あそびのコツ

慣れてきたら子どもの様子を見ながら、間隔をあけてボールを手渡しましょう。

遊んでみました

ボールをもらうこと、渡すことに喜びを感じていました。

展開のカギ

● 円になって内向きに座り、ボールを渡して遊んでみましょう。

● ボールの数を増減させて遊んでみましょう。

異年齢児との関わりにも深みをもつ！

おとなりへ「ハイ！」
異年齢児といっしょ

異年齢児とともに楽しむ

ボールを回すことは大切ですが、異年齢児との関わりをもつことで頼りにしたり憧れの気持ちをもったりするようになります。同じ時間を共有することに重きを置いて取り組みましょう。

遊びを通して ルールを理解し、異年齢と一緒に遊ぶことを楽しむ

2
歳児
＋
異
年
齢
児

関
わ
り
あ
そ
び

お
と
な
り
へ
「
ハ
イ
！
」
異
年
齢
児
と
い
っ
し
ょ

1 2歳児と異年齢児がペアになって
フープに入る

フープを円形に並べて、2歳児と異年齢児が交互になるように中に入ります。保育者もリングバトンを持ってフープに入り、一緒に遊びます。

準備物
フープ、ボール、リングバトン

展開のカギ

● ペアを変えます。

● 子どもたちだけで遊んでみましょう。

● 3人組で入り、ボールを大きなもの（ビーチボール・大きなポリ袋の風船など）に変えます。

2 ボールを隣へ渡したら、かけっこスタート。一周走ったら隣にバトンを渡す

保育者からスタートし、隣へボールを渡していきます。ボールを渡したら、リングバトンを持ってかけっこもスタートします。ボールを回すのと、かけっこをすることを同時に行ないます。
一周走ると自分のフープの右隣のペアにバトンを渡します。全員のかけっこが終わるまでボールは回し続けます。

遊んでみました

4歳児と一緒に遊びました。走るスピードを2歳児に合わせるなど、ともに楽しく遊べました！

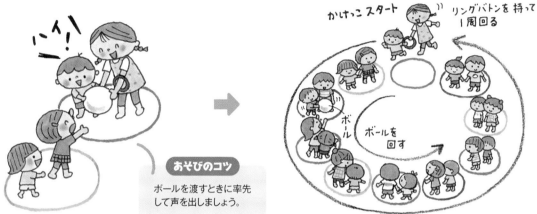

あそびのコツ

ボールを渡すときに率先して声を出しましょう。

3 バトンが戻ってきたら、ボールを持っているペアが一周走る

初めのペアにバトンが戻ってきたら合図を出し、そのときにボールを持っていたペアは一周走ります。これを繰り返し遊びます。

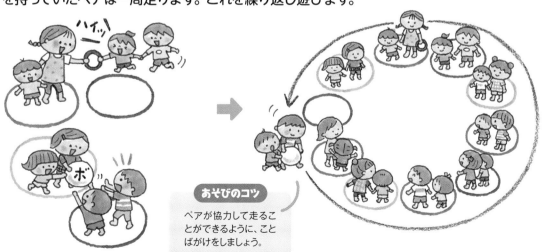

あそびのコツ

ペアが協力して走ることができるように、ことばがけをしましょう。

155

一緒に遊べてうれしい♪

すわって
ド〜ン！

遊びを通して　異年齢とふれあいを楽しむ

1 音楽に合わせて歩く

並足曲（たまに駆足曲）に合わせて異年齢児と一緒にラ
ンダムに歩きます。合図で異年齢児が長座し、2歳児は
その上に同じ向きで座ります。

※音楽のテンポを調節しましょう。

あそびのコツ

音楽を控えめにし
て、全員が座るまで
待ちましょう。

あそびのコツ

あいている所があ
れば、みんなで声を
掛けましょう。

展開のカギ

●異年齢児の上に2〜3人で乗ってみましょう。

●2歳児同士でもチャレンジしてみましょう。

2 『おちたおちた』の歌で遊ぶ

❶ ♪ ㋑ おちたおちた
　　　 ㋙ なにがおちた
　　　 ㋑ リンゴがおちた

♪リンゴがおちた

異年齢児が後ろからハグをする。

❷ ♪ ㋑ おちたおちた
　　　 ㋙ なにがおちた
　　　 ㋑ カミナリがおちた

♪カミナリがおちた

異年齢児と一緒におへそを隠す。

❸ ♪ ㋑ おちたおちた
　　　 ㋙ なにがおちた
　　　 ㋑ ○○組がおちた

異年齢児が足を開き、2歳児を膝の上から降ろす。繰り返し遊ぶ。

♪○○組がおちた

5歳児と一緒に遊びました。どちらの子どもたちからも「たのしい!」という声が聞こえてきました!ふれあいもたくさんできたのでよかったです。

※『おちたおちた』(わらべうた)のメロディーで
　一部作詞／小倉和人

卒園児と一緒に遊ぶことを楽しもう！

2歳児 + 卒園児

宝さがしごっこ

遊びを通して 体を力いっぱい動かす、卒園児と関わりをもつ

2歳児＋卒園児

関わりあそび

宝さがしごっこ

1 卒園児の玉を取りに行く

卒園児は玉入れの玉（宝物）を一つ持ち、うつ伏せになっておなかの下に隠します。合図で2歳児は卒園児のおなかの下に手を入れたりみんなで力を合わせてひっくり返したりして玉を探します。

準備物
マット、玉入れの玉、かご（玉を入れる物）

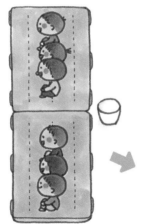

よいしょ！

展開のカギ

- 玉の数を増やして遊んでみましょう。
- 2歳児が玉を隠して遊んでもおもしろいでしょう。

ここにありそうだなー

ダメ〜

ぼくにまかせろ！

あそびのコツ

あまり玉を取れなかったら、みんなで返す、手を入れて探るなどのヒントを伝えましょう。

遊んでみました

一人ではひっくり返せない姿があると、友達と力を合わせる姿も見られました。卒園児も「ここにあるよ」と声を掛けたり、取りやすいように体を少し傾けたりする姿もありました。

あった！！

ひとつとれた！

2 繰り返し遊ぶ

見つけた玉はかごに入れ、再び探しに行きます。玉を取られた卒園児は新しい玉を隠します。時間を決めて繰り返し楽しめるようにしましょう。

著者

小倉 和人 (おぐら　かずひと)

KOBE こどものあそび研究所　所長
こどものあそび作家

神戸・明石などの保育園を中心に計4か所、17年間の勤務経験がある。
その後、子どもの遊びと育ちを考える、KOBE こどものあそび研究所を立ち上げる。
乳幼児の運動遊び、親子遊びやパパと子どもだけで遊ぶ父親の子育て支援など、楽しいイベント・研修会などを数多く行なっている。また、乳幼児の遊びの中で身近な物を使って取り組むことにも力を入れ、製作遊びを保育雑誌などに執筆している。

実践協力園

須磨区地域子育て支援センター（兵庫県神戸市）
古谷美佳、池田麻美、田中孝野

認定こども園まあや学園（兵庫県たつの市）
北川尚子、松本幸子、磯島晶子、北野絵理、
石本宗史、田淵加代子、有吉敦子、片岡桃子、
塩谷祐子、村上恵、横野彩香

よこやま保育園（兵庫県三田市）
西村優里、富永沙也佳、林山千祥、芝崎ねね、
荒田友紀、川原望、前中麻里、池田洋子、
坂本明美、廣瀬加津子、西野範子、石﨑歌音、
原田佳奈

※園名、所属は執筆当時のものです。
※本書は、『月刊 保育とカリキュラム』2016～2018年度に掲載された内容の一部を加筆・修正してまとめ、単行本化したものです。

スタッフ

イラスト
菊地清美、北村友紀、たかぎ＊のぶこ、
とみたみはる、中小路ムツヨ、町田里美、ヤマハチ

本文デザイン
月島奈々子、鈴木明子[株式会社フレーズ]

楽譜浄書
クラフトーン

編集協力
中井舞[pocal]

校正
株式会社文字工房燦光

企画・編集
長田亜里沙、北山文雄

〈主な著書〉
● 『0・1・2　3・4・5歳児の
　　たっぷりあそべる手作りおもちゃ』
● 『0～5歳児　ごっこあそびアイディアBOOK』
● 『0～5歳児　夢中がギュッ!
　　夏のあそびコレクション★』
● 『写真たっぷり!　0・1・2歳児の運動あそび』
● 『写真たっぷり!　3・4・5歳児の運動あそび』
（全てひかりのくに）など

あそびのポッケ③

愛着の形成、信頼関係を育む

0・1・2歳児のふれあいあそび

2021年 6月　初版発行
2022年 7月　第3版発行

著 者　小倉 和人
発行人　岡本 功
発行所　ひかりのくに株式会社
〒543-0001 大阪市天王寺区上本町3-2-14
郵便振替 00920-2-118855　TEL.06-6768-1155
〒175-0082 東京都板橋区高島平6-1-1
郵便振替 00150-0-30666　TEL.03-3979-3112
ホームページアドレス　https://www.hikarinokuni.co.jp

印刷所　大日本印刷株式会社

©KAZUHITO OGURA 2021
乱丁・落丁はお取り替えいたします。
JASRAC出 2102905-203

Printed in Japan
ISBN978-4-564-60941-1
NDC376 160P 21×19cm